家族旅行で子どもの心と脳がぐんぐん育つ

旅育BOOK

家族deたびいく代表
村田和子

日本実業出版社

はじめに

はじめまして。旅行ジャーナリストの村田和子と申します。私は「旅を通じて『人・地域・社会』が元気になる」をモットーに、旅の魅力や楽しみ方を紹介しています。

2001年、現在の活動につながる、ふたつの大きな出来事がありました。ひとつは旅をテーマに執筆する機会を得たこと、そしてもうひとつ、男の子を授かりお母さんになったのです。

はじめての家族旅行は、息子の首が座った生後4か月のとき。慣れない育児で疲れた心身のメンテナンスに温泉へでかけました。当時は、幼い子どもと旅をする環境は整わず、SNSもありません。手さぐりで旅を計画し、大きな荷物を抱え旅立ったのを今でもよく覚えています。大変な思いもしましたが、旅先では、家事や仕事など日常の忙しさから解放され、家族でゆったり過ごし、帰宅後も元気に子どもと向きあうことができました。親子の絆を育むのに家族旅行は絶好の機会であることを実感し、日常を豊かにする旅の魅力を、多くの方へ伝えるきっかけとなりました。

息子が成長すると、旅先ではじめて見るものに目を輝かせ、興味・関心を抱く姿に、旅を通じて生きる力を育む『旅育』を意識するようになりました。息子が9歳になるまでに、親子で47都道府県へ訪れましたが、母として、旅の専門家として見守る中で、親のちょっとした心がけが、旅での学びを深め子どもの日常や人生にもプラスに働くと感じ、2013年に「親子の旅育メソッド」を発表。子どもの自主性や感性を伸ばす子育てに、「旅」をどう役立てるかを紹介しています。

早いもので、一緒に旅をした息子は中学を卒業し、「旅育」で培った力で、自ら将来を切り開く新たなステージを迎えています。振り返ると、成長した今だからわかる旅育の効能も多くあります。

十数年にわたる旅育への思いやノウハウを次世代の親御さんに伝えたい、子ども達が夢を持ち、自分らしく生きるきっかけに旅がなることを願い、本書を執筆いたしました。

本書は、「親子の旅育メソッド」を軸に、旅育の心構えから実践的なヒントまでを紹介しています。また多くの皆さまにご協力をいただき、様々な側面から旅や旅育の魅力を伝え、お子さんと旅へ出る際に役立つ情報もたくさん掲載しています。

子どもは一人ひとり個性があり旅育のスタイルも異なります。

お子さんの心と脳を育てる「旅育」を考え、実践する際に、本書が役立てば幸いです。

村田　和子

撮影/宮原一郎(p11〜p17) 宮田雄平(p20〜23) 木村直弘(p26-28)
カバー写真提供/星野リゾート
帯イラスト/くぼあやこ 本文イラスト/陽菜ひよ子
装丁/西垂水敦(krran) 本文デザイン・DTP/一企画
取材協力(掲載順)/星野リゾート、JR東海、日本航空

・掲載の情報は2018年6月時点のものです。最新情報を確認しておでかけください。

CONTENTS

写真で見る旅育

旅育とは

旅を通じて

子どもの生きる力

を育むこと

Spring

菜の花の迷路！　どこにいるかわかる？

Summer

昔はこんな風景が広がっていたんだね

Autumn

落ち葉のコレクション♪

Winter

自然の創る形はきれいだね

生きる力とは、

自己肯定力

コミュニケーション力

知恵を育む力

はい、どうぞ…おいしい？

すごい！　レバーやボタンがいっぱい！

力を合わせてマストを上げよう！

言葉はわからなくても
通じあえる

伝統工芸に挑戦！　むずかしいなぁ

自分らしく豊かで幸せな人生を歩んでほしい

自然の落とし物ひろったよ

「はからめ」って
いうんだよ。
不思議！

僕の宝物

一緒に見た景色、忘れないよ

ガォ〜！　理由はわからないけれど
そんな気分

パパとママの誓いの
証人はボク！

vow renewal in Hawaii

パパ、これなんだろう？

あんなふうに空を飛べたらいいな

何が見えるかな♪

未来への一歩が始まる

もうすぐゴール！　頑張ろう

そして……夢や理想に向かって歩めるように

さあ、
学びの旅へ。

いつもの旅を学びにかえる～旅育メソッド

旅育メソッド❶
旅の計画や準備は子どもと一緒に

旅育メソッド❷
役割や目標を設定、褒めて成功体験

旅育メソッド❸
旅先では家族各々で過ごす時間を作る

旅育メソッド❹
本物に多く触れ関心の芽を育む

旅育メソッド❺
思い出を「かたち」にして残す

星野リゾート代表
星野 佳路

対談

旅行ジャーナリスト
村田 和子

家族旅行の「幸せな時間」が、子どもの未来を創る

「星のや」「リゾナーレ」「界」「OMO（おも）」に加えて「BEB（ベブ）」をオープンし、国内外67施設（※）を運営する星野リゾート。代表・星野佳路《ほしのよしはる》さんと家族旅行の魅力や旅育について語ります。

星野リゾートが家族旅行に優しいワケ

村田：ラグジュアリーな宿も含め、全国の施設のほとんどで小さなお子さんを受け入れ、家族に寄り添うサービスが充実しています。

なぜ星野リゾートは、家族旅行を積極的に受け入れるのでしょうか？

星野：弊社で一番大切なのはスタッフです。スタッフが仕事を楽しんでいないと、お客様にいいサービスを提供するのは難しいと思っています。

家族旅行では、さまざまな体験をする中で、

※2023年５月現在

子どもは成長し笑顔を見せ、それを見守りほほ笑む親御さん。そんな家族の「幸せな瞬間」を共有することはリゾート運営をするものにとって醍醐味です。スタッフもモチベーション高く、楽しく仕事ができる。だから星野リゾートでは家族旅行は大歓迎なのです。

村田：そう言っていただけると安心して家族で宿泊できますね。息子が幼かった十年前には、周りの理解がまだまだ少なく、私も肩身が狭い思いをしたもので、うれしく思います。

ところで、星野さんが子ども時代の旅で印象に残っていることはありますか？

星野：弟と一緒に過ごしたときのことが多いです。しかも弟が蜂に刺されて大変なことになったとか、プールで溺れかけたとか。弟とは4歳違いなのですが、兄として守らなくてはという責任感もあり、慌てたことはいまも鮮明に覚えています。

村田：旅の思い出を伺うと、多くの方がトラブルを笑顔で語られます。大変ですが、振り返ると特別な思い出になり、絆につながっているのだなと感じます。ほかには、海外で思い出深いことなどはいかがですか？

子ども時代に「世界の広さ」を知る大切さ

星野：10歳のときに、祖父母に連れられてアフリカに行きました。医者だった祖母がザンビアで開業した友人に機材を届けに行く際に、野鳥が好きな祖父が「それなら、ナクル湖のフラミンゴを観よう」と。孫の中で一番年長だった私を伴うことになったのです。

村田：海外旅行が身近でない時代に、しかもアフリカとは……ちょっと想像がつきませんが。

星野：相当珍しいことだったと思います。
直行便がなくて、何カ所も経由して3日かかって到着した空港で、現地の男性に囲まれたのが衝撃的でした。あとで思えば相手も日本人の子どもが珍しかったのでしょうね。

言葉もわからず、容姿も違う、自分の住んでいる世界からは想像できない世界があるというのを肌で感じました。フラミンゴも見たし、貴重な経験もたくさんしているはずですが、このシーンが強烈に印象に残っています。

村田：子ども時代に、いろんな世界があることを知ることで生き方も大きく変わる気がします。国内でも地域が違えば、言葉や考え方、習慣は違います。旅先ではじめての環境に戸惑ったり、あるいは旅に限りませんが、できあがったコミュニティに溶け込むプロセスにも学ぶことが多いと感じます。

星野：自分がマイノリティ（少数派）になる経験を子どものときにすると、多様性が当たり前のこととして受け入れられます。これは体験してはじめて実感するのだと考えています。
海外に出ると嫌でもマイノリティであること

を感じるし、村田さんが言うように、国内でも地域が違えばライフスタイルや文化も違う。マイノリティを経験できるのは、旅の大きなメリットであり、学びになると思います。

旅の経験が子どもに与える影響とは

村田：旅で子どもの成長を育む「旅育」が本書のテーマですが、「多様性を知る」ことは、その核になると思っています。ほかにも、旅の経験が子どもの将来にあたえる影響で、感じられることはありますか？

星野：旅に出るということは、外に出ていく力、最近盛んに言われるグローバル人材へも通じるものがあると思いますね。旅はレジャーというイメージで語られることも多いのですが、子どもにとっては世界が変わり、将来をも変えるインパクトになることもあります。

村田：新しいことに触れてはじめて興味の芽を発見し、育つことも多いと感じます。多感な時期にいろいろな体験をさせてあげたいですね。ただ、旅の話をすると、「休暇とお金」の問題があがることも多いのですが。その点はどうでしょう？

キッズウィーク導入で旅の形が大きく変わる？

星野：休日が分散化されると緩和される問題も多いと思います。旅を教育として推進し、学校を休む許可が出る国もありますから、旅育が日本でも広がることは重要だと思います。キッズウィークの導入が始まりましたが、子どもの休みの分散が、親の有給休暇の取得へつながり、働き方の改革にも通じるでしょう。非常に期待しています。

休日が分散すれば価格の安い平日に旅へ行けますし、混雑していないから旅を満喫し、満足度もあがります。

村田：そうなれば、また行こうという好循環になりますね。キッズウィークの取組みでは、親が休暇をとれない子どもへ配慮し、体験学習の機会を設ける動きもあります。多くの子どもたちが実体験や交流から学び、成長する機会を得ることは、素晴らしいことだと思います。

ところで星野さんは、わが家と同じ年の息子さんがいらっしゃいますが。お父さまという立場では、どんな家族旅行をされてきましたか？

星野：スキーに行くことが多かったように思います。ほかにも、サーフィン、ダイビングなど、スポーツを一緒に楽しみました。仕事を兼ねて「父子」でも出かけました。

村田：運動神経が抜群だと伺っていますが、お子さんと共通の趣味があるというのはうらやましいです。父子旅行では、お子さんはどんな様子でしたか？

星野：私と一緒の旅のほうが息子は面白かったようです。家内がいると反対されることも、男同士ならできる。大胆で冒険心にあふれているというか、迫力があったのだと思います。

運営をしているトマムに就学前の息子を連れていったときには、私が仕事の間、息子をスキースクールに入れたのです。夕方迎えにいったら驚くほど上達していて……。親がいないところで短時間に成長したことがうれしかったです。

家族旅行には「賞味期限」がある

村田：お子さんと接する時間が少ない世のお父様にも、家族旅行、そして父子旅行もしていただきたいですね。将来、子どもが育ち振り返ると、共通の思い出は親子のかけがえのない宝物になると感じます。

最後に子育て中の親御さんに、メッセージをいただけますか？

星野：家族旅行には賞味期限があるということは、ぜひお伝えしたいです。子どもは反抗期がくると、親の意見を受けつけなくなり、終わると巣立ちのときを迎えています。そう思いませんか？

村田：確かに。わが家も反抗期には相当悩みました。息子が小さなときには、こんなときが来るなんて夢にも思いませんでしたから。

星野：反抗期までに親子の絆を深めておくと同時に、親として伝えるべきことは伝えておくほうがいいと思っています。

夏休みは毎年ありますが、「小学校1年生の夏休み」は1度だけです。旅行は来年に……な

星野佳路（ほしの・よしはる）

星野リゾート　代表

1960年、長野県軽井沢町生まれ。1983年、慶應義塾大学経済学部卒業。米国コーネル大学ホテル経営大学院修士課程修了。1991年、（株）星野リゾート社長に就任。

んて思っていると、子どもの成長は早く、興味や親との関係性も変わってしまいます。

村田：行けない理由を探している場合ではないですね。思い立ったタイミングを逃さないのが大切だと感じます。

星野：家族だから永遠に行けるのではなく、家族旅行ができる期間は限られている。時限的です。だからこそ、その瞬間を大切に、旅へ出てたくさんの思い出をつくり絆を深めてほしい。

　そういった幸せな家族の時間を、星野リゾートではこれからも応援していきたいと思っています。

星野リゾートの４ブランドの各施設と、本書で紹介しているホテル・スポットをご紹介します。旅育の拠点探しの参考にしてください。

星野リゾート

星のや

「夢中になるという休息」をテーマにしたラグジュアリーな宿。2020年に開業した沖縄をはじめとし、海外を含めると8施設ある。いずれの施設も土地の風土や文化を取り入れ、圧倒的な非日常感に包まれる。長期休暇はファミリーも多い（※星のや京都は中学生以上から）

星のや軽井沢

星のや富士

界

温泉文化を現代風にアレンジ。伝統を継承しつつモダンで快適に過ごせる温泉旅館。地域の魅力を映す「ご当地楽」は親子で楽しめる体験が多い。お子様向けの和食膳は、本格的な出汁を用い、器は九谷焼。日本文化を親子で感じたい （→131ページ）

お子様向け和食膳

界 アルプス

リゾナーレ

洗練されたデザインと豊富なアクティビティが自慢のリゾートホテル。コンセプトは「想像を超え、記憶に残るリゾート」。子どもはもちろん、大人も楽しみリラックスできる魅力が満載。家族旅行のファーストステップにおすすめ （→134ページ）

リゾナーレ
トマム

リゾナーレ
八ヶ岳

OMO

星野リゾート初の都市型観光ホテルOMO（おも）。コンパクトながらワクワク感のある客室、居心地の良いパブリックスペース、そして特徴的なのが、仲間のように街を案内してくれるスタッフ。人との交流で子どもは多くを学びます （→178ページ）

OMO5 東京大塚
ラウンジ

OMO7 旭川
OMOレンジャー

家族旅行応援
repo!
JR東海

博物館で本物に触れ、温故知新を感じてほしい

リニア・鉄道館館長インタビュー

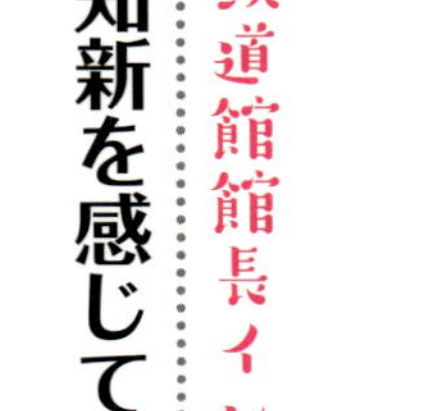

館長
天野満宏

リニア・鉄道館のキャッチフレーズは「夢と想い出のミュージアム」。鉄道の過去から未来を楽しめる館内は、親子三世代で訪れる方も多いといいます。館長・天野満宏さんに、博物館を通じての子どもの学びについて伺いました。

「本物に触れて何かを発見し、自らの働きかけで何かが起こる『ワクワク感』を大切にしています。遊びや体験を通じて興味を持ったものが、子どもの学びにつながるからです。特に当館は、子どもにとって身近な存在の「鉄道」がテーマ。学校で得た知識が技術にどう活かされるのか？ 社会でどう役立つのか？ を体感し、お子さまが理解できるように展示を工夫しています」

「蒸気機関車」から「超電導リニア」まで、時代を超えて展示される車両は実に39両。もちろんすべて本物で、基本的に自由に車体に触れてもよいことになっています。中には車内へ入って見学ができるものもあり、訪れたときにはドクターイエロー（922形新幹線電気軌道総合試験車）の中でイベントを開催していました。

「当館にお越しになって、車両の大きさに驚くお子さまも多いですね。いつもはホームの高

さから車両を見るので、下から全体を見ると迫力が違います。お子さまだと目線が車輪に来るので物珍しそうに観察しています」

館内にはシミュレータや列車の動く原理、鉄道の歴史などが学べる展示が豊富。展示物の「ボタン」にも学びのヒントがあるといいます。

広々とした館内には本物の車両が整列。ここでしか会えない車両や特別映像も！

「ただ動くのを眺めるのではなく、お子さま自らがボタンを押した結果として、何かが起こったときの驚きや疑問が興味へつながります。物理の原理が技術にどう活かされているかを学ぶ体験コーナーでは、同じ模型で繰り返しチャレンジするお子さまの姿をよく見かけます。あれ

情景が時間とともに変化するジオラマは、子ども目線で楽しめるユニークな工夫も

は子どもなりにＰＤＣＡ※を考えているのでしょう。試してみてうまくいかないなら、違うパターンでやってみる。次はこうしてみようと、試行錯誤しながら正解へと近づく方法を考えている。だから納得するまでさせるほうがいいですね。探求心や主体的な学びにつながると思います」

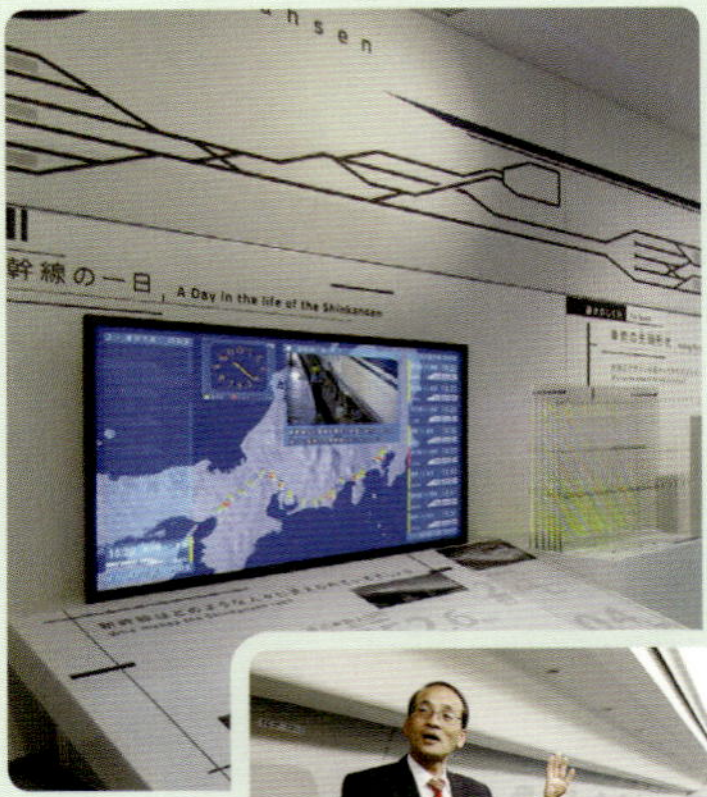

「のぞみ・ひかり・こだま」の運行状況を可視化した展示

車両の内部を見学できる展示も多い。館長自ら案内

リアルな体験では難しいことを知ることができるのも、博物館ならではのメリットでしょう。たとえばリニア・鉄道館なら、日本地図上に、東海道新幹線の「のぞみ・ひかり・こだま」の運行状況を色つきのライトで可視化した展示があります。そこでは、時間の経過と共に列車本数が変わることや、ピーク時の列車ダイヤの様子が一日でわかるようになっています。終電を過ぎると、「安全」のために欠かせない保守点検の様子が背景のビデオで流れ、普段見ることがない重要な仕事への理解も深まります。

「鉄道の使命は速く走ることではありません。『安全、快適、その次にスピード』なんです。だから技術開発も『いかに速く走るか？』ではなく、『地震など緊急時にいかに早く安全に停車できるか？』に注力し、幾重にも対策をして

在来線の運転・車掌シミュレータなどの体験を通じて、「安全」への取り組みも学びたい

新幹線の運行の仕組みを、模型の動きを通じて親子で学べる

います。たくさんの人の手によって鉄道が安全に運行できていることも学んでほしいですね」

博物館は、マナーを学ぶ場としても有用です。公共の場では走らない、順番やルールを守ることの大切さを教えたり、ほかのお子さまに感化され、子ども自ら気がつくことも。

「鉄道には、その時代の夢が託され、最新技術が搭載されています。鉄道の歴史の背景には必ず社会の動きがある。新しいものは過去の積み重ねであり、過去を振り返ることで、新しい価値を創造する力につながる。ぜひリニア・鉄道館でお子さまと一緒に、マナーを守り楽しみながら、温故知新を感じてほしいと思います」

■リニア・鉄道館（名古屋市）
HP　https://museum.jr-central.co.jp/

※PDCA
Plan（計画）→ Do（実行）→ Check（評価）→ Act（改善）の4つのステップを繰り返すことで業務改善や効率化を図ること。

家族旅行応援
repo!
ＪＲ東海

ここまで来た！ 超電導リニアの世界

親子で未来の日本を語るきっかけに

遠い未来のことだと思っていたリニア中央新幹線ですが、品川―名古屋間の開業に向けて、各地で工事が進められています。その後、大阪市までの全線開業を予定している「超電導リニア」の最前線を体験しましょう。

山梨県都留市付近にある山梨リニア実験線では、リニア中央新幹線（以下リニア）の営業運転に向けた走行試験が日々積み重ねられています。走行試験の模様は、隣接の山梨県立「どきどきリニア館」からも気軽に見学でき、世界最速の時速５００キロの走行を体感できる体験乗車が年に数回開催され、親子連れに人気です。

「超電導リニア」の研究開発が始まったのは１９６２年。東海道新幹線が開業する２年前で半世紀以上の歴史があります。その歴史や日本が世界に誇る技術を知り体感することで、ものづくりに興味を持ち、リニアに関わるニュースも身近に感じるようになるはず。何よりも「開業するときは何歳だろう？」「リニアで旅行をしてみたいね」と、日常では話題に上りにくい「未来」について、親子で語らうきっかけとなります。

体験リポートは141ページへ

写真で見る超電導リニア体験乗車

自由研究にも役立つ
子ども向けの記念品

1 いよいよリニアへ！

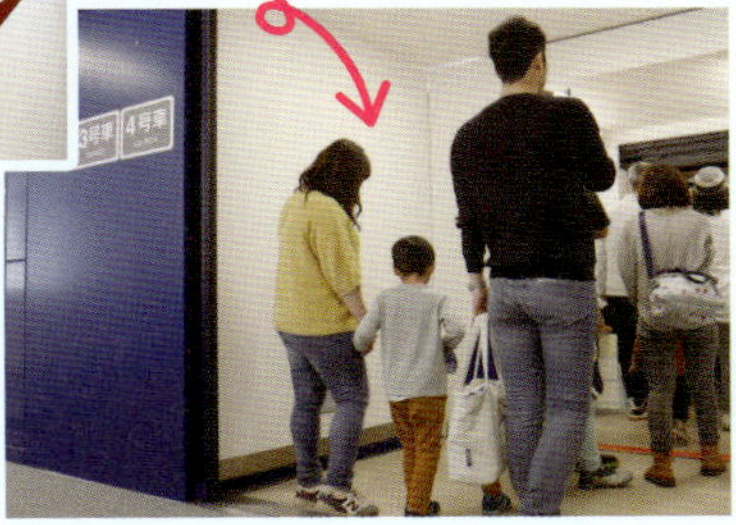

説明会の後は、いよいよ超電導リニア「L０系」の車内へ。ドキドキ

2 車内は工夫がいっぱい！

車内は東海道新幹線のよう。子どももニッコリ

モニターには走行地点と速度を表示。時速500㌔に到達すると大興奮！

3 降りたら記念撮影も

終了後は、「L０系」と一緒に記念撮影

旅の前後は博物館型見学施設「どきどきリニア館」へ

旅育応援企業
repo!
日本航空

客室乗務員は頼れる存在。子どもと一緒に空の旅

JAL客室乗務員さんインタビュー

子どもと飛行機に乗る際は、親御さんも不安が多いもの。空の上の頼れる存在「客室乗務員」は、どんな気持ちで対応しているのでしょう？ ご自身も男の子と女の子の2人の母である日本航空客室乗務員の西森基子さんにお母さんへのアドバイスとともに伺いました。

「乳幼児連れのお客さまには、お母さまにリラックスしていただけるように、意識してお声がけをしています。ママの緊張がお子さまに伝わり、ぐずってしまうことが実は多いのです。旅の準備としては、**温度調整がしやすい服装を心がけ、お菓子やミルク、お気に入りのグッズをお持ちになるとお子さまも安心します**」

機内ではミルクの調乳や身の回りのお手伝いもしてくれて、帰省などでお母さんと子どもだけで搭乗するときもしっかりサポートをしてくれます。

幼い兄弟は上のお子さまにも気遣いを

「お母さまが化粧室へ行くときは赤ちゃんを抱っこしてあやしたり、幼児のお子さまなら、隣に座ってお話をさせていただくことも多いですね。また、幼いご兄弟の場合は、上のお子さまに積極的にお声がけをするようにしています」

お母さんは慣れない機内で赤ちゃんに手がいっぱい。寂しさや機内での不安を抱えつつ我慢しているお兄ちゃん（お姉ちゃん）は多いといいます。気流が安定していれば、機内の散歩に誘ったり、「さすがお兄ちゃん（お姉ちゃん）、ママを助けてあげて偉いね！」と声をかけたりすることで笑顔になる子どもが多いとか。

日々たくさんの子どもと接している客室乗務員の方だからこそできる旅育の形だと感じます。

「自分のことは自分で決める」体験も！

「小学生のお子さまは、大人のお客さまと同様に大切なお客さまとしてお迎えするようにしています。お飲み物なども、お子さまと目線を合わせてご案内し、ご自身に選んでいただくようにしています」

敬語で話しかけられて驚きつつ、ちょっぴり大人になったように誇らしげにオーダーする様子が目に浮かびます。

でも、子どもがオーダーに応える前に親御さんが応えてしまうこともあるそう。こういった経験の積み重ねは自主性を育むことへとつながります。

自分のことは自分でさせ、子どもの意見を尊重し、社会と関わるきっかけを大切にしたいところです。

困ったことがあれば気軽に声をかける

ホスピタリティあふれる客室乗務員の方ですが、お声がけを躊躇することもあるといいます。

「お子さまにジュースやアメをお渡ししたいと思っても「甘いものは食べさせない」というご家庭での約束があることも。

ご要望やお困りのことはお知らせいただけると私どもも助かります。機内でたくさんのお子さまと接していますので、安心して頼っていただきたいですね」

日本航空には子育て経験者の客室乗務員も多いといい、小さな子ども連れの強い味方です。

客室乗務員の力も借り、空の旅を快適に乗り切りましょう。

機内でもらえる絵葉書や子どものおもちゃ

空港内のスマイルサポートではベビーカーのレンタルやお子さん１人での搭乗手続きも

※掲載の写真は書籍制作当時（2018年）のものです。

小さな子ども連れも安心・快適にドライブ

サービス充実のいまどきＳＡ・ＰＡ

まわりに気兼ねがいらず、荷物が多くても大丈夫な**車旅**は、家族旅行の強い味方。

昨今は高速道路のサービスエリアやパーキングエリア（ＳＡ・ＰＡ）も、大型化していてエンターテインメント要素があり、休憩だけではなく家族で楽しめるところが増えています。

幼児が遊べるキッズコーナー、フードコートにも子ども用のイスや優先エリアがあり、「小さな子どもも、快適に気分転換ができる」と人気で、ユニークな取り組みも登場しています。

徳島自動車道上板ＳＡ（下り線）にある「**かみいたキッズかふぇ**」は、「子どもが楽しんで

かみいたキッズかふぇの木球プール

いる間に、親はゆっくりくつろぐ」がコンセプト。徳島県産材を使用した積木や木球プールなど「**木育**」をテーマにしたプレイゾーンがあり、カフェではアイスクリームや飲み物が定額で食べ放題。お菓子づくり教室・工作教室といったイベントも開催されています。

赤ちゃん連れでも安心の設備が充実

赤ちゃんとの旅も安心な環境が整ってきています。たとえば、おでかけに必須のおむつ交換台は首都圏のすべて、NEXCO西日本管轄では9割のSA・PAの女性用トイレに設置。男性用トイレにも7割（西日本）～8割（首都圏）にあるといい、ベビーキープも設置が進んでいます。

また、新しい施設を中心に、わざわざ立ち寄りたくなる「かわいいベビーコーナー」や「親子で利用できるトイレ」など、おでかけを楽しく快適にする施設も登場しています。

旅育をするには、まずは旅へ出ることが必要。昨今は赤ちゃん連れにも理解があり、おでかけしやすい環境が整っています。

また、ハイウェイオアシスは休息と観光が一緒にできて便利です（151～152ページで紹介）。ぜひ存分に活用して親子で旅を楽しみましょう。

花が美しい淡路ハイウェイオアシス

佐久平ハイウェイオアシスパラダのスライダー

シンクと調乳用の
温水器も完備

Pasar守谷（常磐自動車道）は上下線ともに夢のあるベビーコーナー
（一般道からも利用可能）

NEXCO東日本　http://www.e-nexco.co.jp/

2018年３月にオープンした宝塚北ＳＡ（新名神高速道路）のファミリートイレ（左）と
フードコート内のキッズスペース（右）。パステルカラーがかわいい

NEXCO西日本　http://www.w-nexco.co.jp/

Column

家族旅行応援repo！ 旅育におすすめの海外

長期の休みには海外へも訪れました。旅育におすすめの国を紹介します。

■ シンガポール

- 他民族国家で、コンパクトな国土ながら、多様な文化や食を体感できる。
- 教育熱心なお国柄を反映し、子ども向けの学びスポットが多い。

マーライオンの前で記念撮影

絵画を写真におさめる体験を

■ フランス（パリ）

- 芸術の都とあって美術館が多く、歴史ある西洋建築も魅力。
- 美術館や博物館内で写真撮影ができ、子ども連れは優先入場もある。

■ フィジー

- 日本から直行便なら所要８時間半で時差も少ない。
- オーストラリアやニュージーランドからの旅行者が多く、親日ムード。
- 手つかずの自然が残り、シュノーケルや素もぐりで多くの魚が見られる。

大自然を満喫

※子連れで海外旅行は安全に十分配慮を

海外安全ホームページ　https://www.anzen.mofa.go.jp/

国別に治安情勢や伝染病などの情報、犯罪事例などを掲載。風俗や習慣などの情報は、旅育にも役立つ。緊急連絡先も控えておくと安心。

「たびレジ」　https://www.ezairyu.mofa.go.jp/tabireg/

最新の安全情報がメールで届き、緊急事態が発生した場合には、安否確認や必要な支援などを受けられる。出発前に登録しよう。

第1章

子どもと「旅」をする理由

世界の広さを体感し、家族の絆を育もう

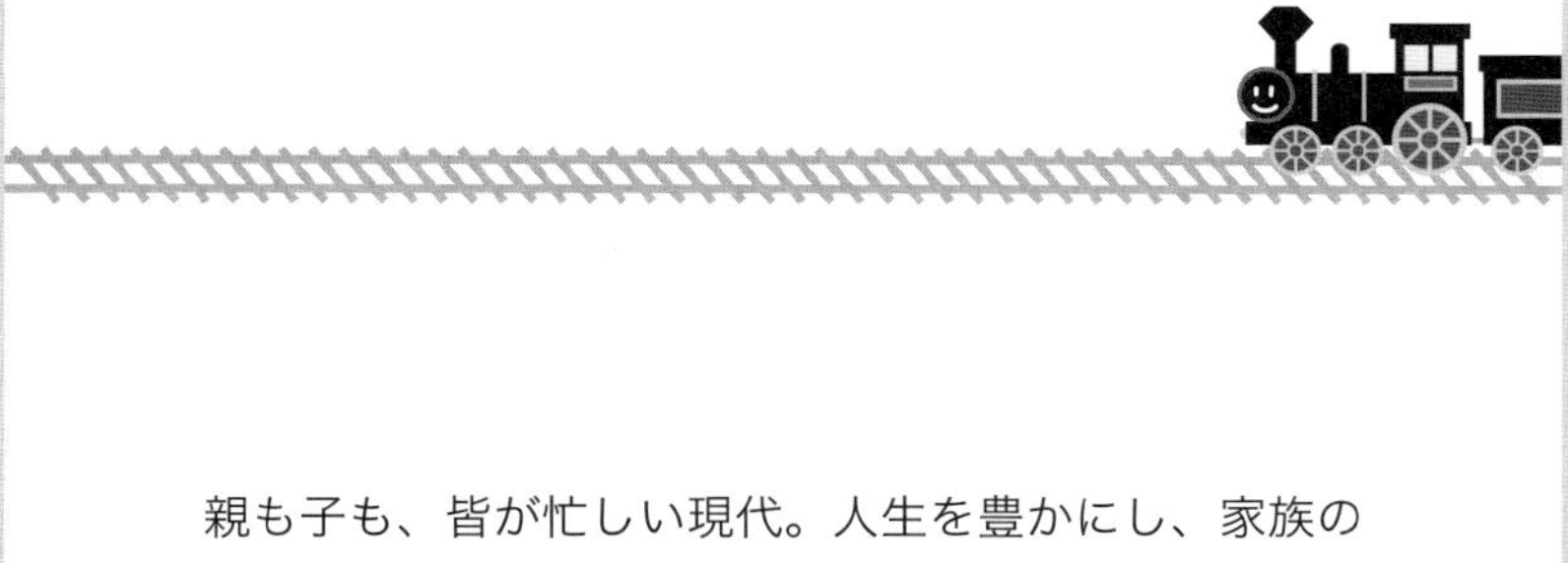

親も子も、皆が忙しい現代。人生を豊かにし、家族の絆を育むのに、旅は大いに役立ちます。時代背景や子どもを取り巻く環境から、「旅」をする意義、家族旅行の効果を紹介します。

experience

ちっともグローバルじゃない子どもの世界

想像していただきたいのですが、皆さんのお子さんのまわりには、何人の大人が関わっているでしょう？　親御さん、学校や保育園・幼稚園の先生、少しがんばって塾や習い事の先生、友達のお母さん……せいぜいそんな感じではありませんか？

一昔前は、兄弟がいて祖父母が同居という家庭も多く、近所との関わりも密でした。地域のお祭りなど行事も多く、特別なことをせずとも年齢や考え方の違う人と接する機会が多く、日常で「社会とは何か」を感じ学んでいたのです。

昨今はどうかといえば、核家族化が進み共働きが増え、近所づきあいも少なくなる中、まわりの大人と子どもが接する機会は少なくなっています。グローバル化と盛んにいわれますが、日々の生活ではグローバル化どころか、**子どもと社会の接点は想像以上に希薄になっている**と感じます。

子どもの日常は親や先生を中心とした、ある意味かたよった狭い世界です。そして**子どもは、自分の接する世界が社会のすべてだと考えがち**です。

狭い世界ながらも自分の居場所を見つけ、不満なく過ごしている子どもはいいかもしれません（将来を考えると「いい」とは言い切れませんが）。

そうではなく、日常に自分の居場所が見いだせない子どもはどうでしょう？　先生はもちろん、親子でも価値観があわないことはあります。ささいなつまずきが解決できずに悩み、ときに自暴自棄になる子もいることでしょう。

自分の日常が大きな社会のほんの一部だと、子どもが日々の生活を通じて理解することは難しい時代になっています。親はそれを理解し、日常とは異なる世界に子どもが触れる機会を意識的につくることが大切で、旅はその最高のチャンスになります。

「自分の日常は大きな社会の一握り」という気づきは、強い心を持ち、困難を乗り越え、前向きに人生を歩むために必要な礎になるはずです。

experience

旅は多様性や世界の広さを知るチャンス

旅での一番の学びは、多くの価値観に触れ、変化の激しいこれからの時代に欠かせない「多様性」を肌で感じられることです。旅では生まれも育ちも違い、年齢も異なる多くの人との出会いがつきもの。海外では、外見、言葉、宗教・マナーや習慣など、子どもにもわかりやすい違いがあります。国内でも育った地域や環境、世代が違えば、言葉や遊びのルール、じゃんけんなどの掛け声も異なり、子どもは**「自分にとっての当たり前が通じない世界があること」**を体感します。

習慣の違いから、意思の疎通がうまくいかないことも多いもの。

たとえば、地方に家族旅行をしたときのこと。コンビニエンスストアの場所を聞くと「すぐですよ。この道をまっすぐ行って5分ほどです」とのことで、歩いて向かうもたどり着きません。よく考ると、幹線道路沿いで歩いている人はほとんどおらず「車で5分だったのでは？」という夫の言葉に合点がいきました。特に距離や時間の感覚は地域によって違うと感じることは多く、**「近い・遠い」「すぐ」など曖昧な表現は、日常の生活スタイルにより、思い描くイメージが随分異なる**ことに驚きます。

また、方言で話しかけられてびっくりすること、会ったばかりの人が、何気ない子どもの行動を「がんばったね。偉いね」と認め、褒めてくれることもあります。

子どもは、はにかみつつも喜び、親は我が子のいいところを改めて発見する機会になります。学びを意識して旅をすると、専門家や職人の方と出会う機会もあるでしょう。親とは違う価値観、その道を極めた人の知識や考え方は、子どもの琴線に触れ、思いがけない可能性が芽生えることにつながるかもしれません。

人との交流を通じて、十人十色の考え方や未知の世界があることを悟り、**子どもなりに自分という存在やまわりとの関係を考えるきっかけになります。**

旅で多くの人と出会い交わることで、子どもの視野は広がり、多様性や世界の広さを認めるようになっていくのです。

experience

忙しい現代、親子の絆は旅で育む

日常は忙しく、お子さんと充分に触れあう時間や気持ちの余裕がないという親御さんも多いことでしょう。特にお母さんの負担は大きく、ストレスを抱えがち。子育ては長丁場ですから**上手にストレスを解消し、親御さんが元気でいることが、親子がコミュニケーションをする上で大切**です。

家族旅行は準備も大変なことから、行きたい気持ちはあっても一歩を踏み出せないという声も聞かれます。でもそれを乗り越え旅に出ると、子どもは多くの刺激に目を輝かせ、親も家事や仕事から解き放たれ、時間や気持ちにゆとりが生まれます。

きれいな景色に癒やされ温泉に入り、家族みんなでおいしい料理をいただく。最近は子どもだけで参加できるアクティビティや、食事の間だけ利用できる託児サービスなども増えており、旅先で夫婦水入らずの時間を持つこともできます。

次の旅はどこにしよう？

旅はお母さんに効果アリ!!

たまにはお父さんが子どもと過ごし、お母さんはリラクゼーションや散策など、ひとり時間を持つのもいいでしょう。親御さんが束の間でも「自分のために時間を費やす」ことでリフレッシュし、ゆったりとした気持ちでお子さんと向きあえることは、旅の大きなメリットです。

旅には「転地効果」があり、「旅へ出る」こと自体が、ストレスを軽減し精神的な健康度が高まることが科学的にもわかってきました。

出発する前と帰宅後には、やる気

をつかさどる物質「ドーパミン」が増え、旅行の間は、幸せホルモンとよばれてリラックス効果がある「セロトニン」の分泌が高まるというデータも得られています。出発前のワクワク感、旅でパワーチャージし日常へ戻ると、気持ちがスッキリし仕事にも集中できて効率がいい……そんな経験と重なりませんか？　特に女性のほうが男性よりも「ドーパミン」や「セロトニン」の分泌の変化が大きく、旅の効能を得られやすいといわれます。

「楽しかった旅の思い出」は家族関係にもプラスになる

小さな子どもとの旅では、お父さんの協力も必要不可欠です。旅を通じて子育ての大変さを理解し、旅行後に育児に協力的になったという話もよく聞かれます。

また、小学校高学年に差し掛かると、クラブや塾で忙しく、子どもと親のすれ違いが増えます。反抗期の兆しがある難しい年ごろですが、家族で旅に出て、満天の星など大自然の織りなす景色に感動し、ときにはトラブルをみんなで力をあわせて乗り越えることで、親子の距離もぐっと縮まります。

「楽しかった」という**旅行の心地よい体験は、子どもの心の安定につながり、親子**

関係にもプラスに働きます。

子どもの力を伸ばす場、親子の絆を育む場、そして親御さんの心身をメンテナンスする場として、旅をうまく活用してみませんか？

家族旅行はレジャーや娯楽というだけではなく、親子一緒に実体験から学び、信頼関係を築く特別な時間となります。

experience

いつの時代も「百聞は一見にしかず」は大事

最近は「旅へ出る人」と「出ない人」が二極化の傾向にあります。

出ない理由は「家にいながら多くの情報は得られる」「物として残らない旅に、なぜ時間とお金を費やすのかわからない」などが多いようです。

しかし、実際に旅へ出るとどうでしょう。その場に身を置いてはじめて感じられること、訪れる前に想像していたものとの違いに驚くことなど、多くの発見があります。

たとえば写真では、五感をフルに使って感じる旅の魅力を再現するのは難しく、寺院の「壮大さ」、海の波の「迫力」などは伝えきれません。意外と「大きさ」もわかりにくく、家族で訪れた美術館では、教科書に載っている名画が想像と違い、とても小さな絵で驚いたことがありました。

また、北海道・旭川を訪れた際には、冷え込んだ早朝に空を見上げると、全体がきらめき、なんともいえない美しい光景が広がっていました。

空気中の水蒸気が細氷となり、陽の光を受けて輝く自然現象「ダイヤモンドダスト」です。撮影を試みましたが、感動を写真におさめることはかないません。カメラと人間の目では繊細な光をとらえる構造が違うのでしょう。

実際に訪れ、本物に触れてわかることは数多く、「百聞は一見にしかず」を知ることもまた、経験の積み重ねで築かれてゆくものだと感じます。

旅にはリアルな世界でしか得られない学びがある

大抵の子どもはゲームが好きですが、あくまでゲームはプログラミングされた一定のルールに従って動きます。でもリアルな世界では、感情があり、考え方も十人十色。旅では思いがけないアクシデントにあうこともあります。思い通りにならないことも多く、そこにコミュニケーションの必要性が生まれます。また相手の気持ちに寄り添う共感力も必要となります。

本物を見て感じ学ぶことは、机上の学びや情報から得られる知識とは異なります。バーチャルリアリティ（VR・仮想現実）は、リアルな世界で不可能なことを可能にし、移動することなくコンビニエンスに疑似体験ができます。
でも、どんなに**技術が発達しても、本物でしか味わえないことがあるのは確かであり、それぞれの役割やよさがある**のです。どちらか一方ではなく、しっかりとそれぞれの特徴を理解し、使い分ける、あるいは結びつけることが必要です。

旅は行っているときだけが楽しいのではなく、旅の体験を通じて「自己肯定力」やプライスレスな多くの力が子どもの中に根を張り、ときに子どもの将来を変えてしまうこともあります。

情報化が進み、**変化し続けるいまの時代だからこそ「百聞は一見にしかず」**ということを、幼いときに自らの体験を通じて感じることは重要です。

日常や人生を豊かにし、子どもの生きる力を育むツールのひとつとして、ぜひ旅を活用してほしいと思います。

第2章

村田流
親子の旅育メソッド®
5つの方法で子どもの心と脳がぐんぐん育つ！

旅育とは、旅を通じて子どもの「生きる力」を育むこと。本章では、生きる力を「自己肯定力・コミュニケーション力・知恵を育む力」とし、積極的に旅で学ぶための方法を５つのメソッドとしてまとめています。意識することで子どもへの関わり方が変わり、学びも大きくなります。

村田流旅育とは？

生きる力ってなんだろう？「自己肯定力・コミュニケーション力・知恵を育む力」

変化が激しく将来の見通しを立てにくい昨今、「生きる力」が重要といわれます。では「生きる力」とは何だと思いますか？

「親子の旅育メソッド」では「生きる力」を定義する際、まずは変わりゆく将来を見据えて「子どもにどんなふうに生きてほしいか？」を考えました。心身が健康であることに加えて、導き出したのは次の2つです。

1　自分らしく、豊かで幸せな人生を送ること

2　夢や理想を持ち、それに向かって歩むこと

子どもたちが生きる未来は、いま以上に変化の激しい社会となり、他人との比較ではなく「自分軸」で豊かさを感じ、幸せだと思えることが求められるでしょう。現状に甘んじることなく、自分なりの夢や理想を追い求め、変化をいとわないことも重要です。欲をいえばキリはありませんが、この2つがかなえば、子どもの幸福度はかなり高いと思うのです。そしてこれは多くの親御さんが子どもの将来を考えた際の共通の願いでもあると感じます。

一方でいじめやニート、希望の大学に進学しても就職活動がうまくいかない、あるいは入社してもすぐに仕事を辞めてしまうなどが社会問題となっています。理由は、さまざまにありますが「自分の思い描く理想と現実のギャップを埋める術を持たない」ということが、ひとつの大きな要因ではないでしょうか？

言い換えれば、**理想と現実の折りあいをうまくつけて、将来へ前向きに進む力が「生きる力」になる**のです。

「親子の旅育メソッド」では、**生きる力を「自己肯定力」「コミュニケーション力」「知恵を育む力」の3つと定義**。この3つの力を旅で積極的に育むために、親が実践したい心得をまとめています。「自分を愛し認めること、他者を理解し協調すること、経験から学び新たなことを創造できること」……これはまさに「理想と現実のギャップを埋めて、よりよく生きること」につながっていきます。

家族旅行という楽しい経験の中で育まれた「生きる力」や「絆」は、将来にわたり子どもたちの財産となり心の支えとなります。もちろん勉強で知識を得ることも大切です。でも根本的な「生きる力」が備わっていてこそ、学んだ知識を活かし、実践で役立て、新たな知恵を創造し夢に近づく努力ができるのだと思うのです。

3つの力について以下まとめておきます。旅を素材に学ぶ方法は無数にあり、この本ではそのヒントを紹介しています。でも子どもには個性があり、「このステップを踏めば大丈夫」というような単純なものではありません。本書を参考にしながら、**親御さん自身が、お子さんにどんな力を身につけさせたいか？　それにはどんな方法がお子さんにあっているか？　試行錯誤することが、旅育の第一歩です。**

村田流　旅育メソッドの考える「生きる力」とは？

■自己肯定力

自信、自立心、積極性、粘り強さ、決断力　等

■コミュニケーション力

他者理解、共感力、表現力、社会性、協調性、責任感　等

■知恵を育む力（※）

探究心、観察力、思考力、判断力、論理性、創造性、ひらめき等

※知恵とは机上の知識ではなく、自分の体験に裏づけられた知識やノウハウ。経験を知識や実践に結びつけて活用し、そこから新たな発見ができる力

村田流旅育とは？

大切なのは親子のコミュニケーション～3歳から9歳がゴールデンエイジ

「旅は学びに良い」ということを否定する方はいないでしょう。でも、当たり前すぎて、旅育の本当の素晴らしさや可能性が見過ごされている気がします。

「旅育」に明確な定義はありませんが、一般には「未就学児から小学生を対象とした、旅（おでかけ）での体験プログラム」と、とらえることが多いようです。田植えや虫捕りなどの自然体験やモノづくり、お仕事体験なども入るでしょう。最近は、自治体や各種団体、施設等が、全国でこういった学びのプログラムを開催しています。企業が社会貢献活動の一環やPRとして実施するキャンプや工場見学なども、社会を知り、自然環境を考える内容が多く人気です。**子どもが未知の世界や人と触れあい、実体験から学ぶ選択肢が増えるのは喜ばしく、大いに活用したい**ところです。

ただこういったプログラムは、旅育のツールであって、参加しただけでは本来の「旅育」として充分とはいえません。たとえばプログラムへの参加も、親主導で決めて参加させるのと、事前に子どもの意思を確認、あるいは子どもがプログラムを選んで参加するのとでは、同じ内容でもモチベーションや得られることが違ってくるのは想像いただけるでしょう。

「旅育」で一番大切なのは、親の子どもへの関わり方であり、親子のコミュニケーションです。いつもの旅を学びの旅にするには、親のちょっとした心がけが大切であり、特に子どもが小さなうちは、日常のお出かけの中で実践できることがたくさんあります。私の提唱する「親子の旅育メソッド」では、そういった**「子どもが旅から積極的に学び、生きる力を育むために、親が心がけたい心得や方法」を5つにまとめました。**どれも難しいことではありませんが、意識しているかどうかで子どもとの関わり方は大きく変わってくるかと思います。

また、本メソッドでは、親が働きかけるという特性から、**言葉を理解する3歳頃から、基礎的な脳ができあがる9歳頃までをゴールデンエイジ**としています。冒頭で紹介した通り旅育のツールもたくさんあり、小さな子どもとの旅もしやすくなっています。ぜひ家族旅行を、子育てのひとつの手段として活用してみてください。

村田流
旅育
とは？

親自身も旅を楽しみ、旅で学ぶ

「旅育」というと「よし！ まかせとけ。お父さん（お母さん）が教えてあげる」と肩に力が入りがち。ただ大切なのは、教えるのではなく「見守る」こと。そして親が自ら「旅」を楽しみ、子どもと一緒に学ぶ姿勢です。思っている以上に、子どもは親をよく観察し、そこから多くのことを学びます。**親が率先して旅を通じて学ぶことが、子どもをやる気にさせる一番の近道**なのです。

たとえば、子どもに旅で身につけてほしい目標を設定する場合も、子どもにだけさせるのではなく、子どもと一緒に取り組んでほしいと思います。親御さんも、お子さんと同じく家族の一員として目標を宣言すれば、連帯感が芽生え、協力して苦労を乗り越え、達成したときの喜びも分かちあえます。

子どもの興味や関心を育みたいのなら、親御さんから「今日は空がきれいだね。あの雲は○○の形に見えるね」「すごい、おもしろいものがあるよ」「見たことない花だね。なんていう名前かな？」というように、発見や疑問を声にして語りかけるといいでしょう。そういった会話を何度かするうちに、自然と子どものほうから「見て！あんなところに○○が……」というような言葉が発せられるようになります。

旅はあいさつや、公共の場でのマナー、社会のルールなどを実地で学べる貴重な場にもなります。いうまでもありませんが、親御さん自身ができてこそ、子どもの身につくもの。人生の先輩として、正しい行動を心がけたいものです。

旅先では、どんなに準備をしていても、予想外のアクシデントに見舞われることも少なくありません。「列車が運休した」「旅先で病気になった」「道に迷った」など、知らない土地でのアクシデントは親も動揺しがちです。でも、こういった場面こそ、**プラス思考で冷静に状況を把握し、その中で最善を尽くすことで、子どもの生きた知恵**となります。

アクシデントは不思議と子どもの心に「大変だったけれど、皆でがんばった」というプラスの体験として記憶されることが多いようです。**旅のピンチは「旅育」のチャンス。**気持ちを切り替えて前向きにトラブルも乗り切りましょう。

村田流
旅育メソッド
1

旅の計画や準備は子どもと一緒に

親に連れていかれるよりも、子ども自身が計画に関わった旅のほうが、旅先でのモチベーションはあがり、学びも大きくなります。主体的に旅を楽しみ、積極的に学ぶためには、出発前の計画や準備が重要です。ぜひお子さんの年齢にあわせた方法で一緒に取り組んでみましょう。

親御さんは、旅の計画や準備をするのは好きですか？「地図や時刻表を見ているだけで旅気分が味わえて幸せ」「旅先で何をしようか想像してワクワクする！」そんな声がある一方で、「ちょっと（かなり）面倒」「できれば人に頼みたい」なんて声も聞こえてきそうです。

それもそのはず、**目に見えずかたちとして存在しない旅の計画は検討、選択、決断の連続**です。頭はフル稼働し、各地を旅して慣れていても、こだわりを持った旅の計画には、非常にパワーを使います。手軽なパッケージツアーを利用する際も、行き先を決定し、ツアーの違いを見極め、「希望とあっているか？」「予算はどうか？」「得られる満足度は？」と、多くの視点でベストなものを選ぼうとすると大変です。

個人手配は、移動手段・宿泊場所・観光など旅のパーツを、無限にある中から選び、予算や時間などを踏まえて、実行可能なプランを組むため、さらに複雑になります。インターネットが普及し情報は得やすくなりましたが、想像力を働かせて旅のプランを完成させるのが高度な作業であることは変わりません。

このように旅の計画や準備は多くの力を総動員するので、**子どもを積極的に巻き込むことで考える力が育まれます。**また旅の計画には明確な「正解」がありません。子どもが自分で計画した旅を追体験することで「この場所は訪れてよかった」「次回はこうしたらいいかな」などの気づきから工夫し、知恵となり、社会に出てからの多角的な視野で考え、選択・決断する場面でも役立ちます。

旅の計画を通じて思考錯誤し、自ら追体験して振り返り得たことは、将来、子どもたちの大きな力になるのです。

家族旅行では、それぞれの希望を踏まえつつ、限られた時間の中でどうバランスをとるかが大事です。おすすめなのは旅の作戦会議を家族ですること。

難しく考える必要はありません。お茶を飲みながら行きたい場所を持ち寄って、ワイワイ旅について話しあうだけです。大切なのは**「なぜそう思うか？」という理由を子どもの言葉で引き出す**こと。親御さんも自分の希望をきちんと子どもに伝えます。皆の意見を聞きながら旅行計画の結論を導き出すことは、協調性や判断力、論理性が鍛えられ、家族のコミュニケーションにも大いに役立ちます。

旅支度を一緒にするのもいいでしょう。旅先で何をしようか話をしながら準備をすれば、想像力も養われます。日常の忙しい中ではありますが、ちょっとしたひと手間で、いつもの旅が子どもの生きた学びの機会となります。ぜひできるところからチャレンジしてみましょう。

実践してみよう！

関連ヒント

- 旅のテーマは子どもの興味や疑問をヒントに（76ページ）
- 計画は親子一緒に「旅の作戦会議」の進め方（78ページ）
- スケジュールを子どもに伝え自立をうながす（80ページ）
- 旅支度は親子でワクワク。出発前から学びがいっぱい（82ページ）

教えて！

茂木先生①

「旅のプランを立てる」ことは脳にいい？

脳を進化させてきた要因はいくつかありますが、そのうちのひとつは、**未来を予測すること**です。思わぬイベントに満ちている旅に出ること自体が、このような脳の働きを育み、強くします。旅をすることで、地頭のよい子どもができるのです。

旅に出る前に親子で旅のプランを立てることは、未来を予測する脳の回路（前頭葉《ぜんとうよう》や、報酬系の回路）を鍛えます。地図を見て、ここに行こうと考えたり、A地点からB地点に行くのにどのようなルートを通ろうかと思い描いたりすることで、計画力や想像力を身につけることができるのです。

行きたいところが、お父さんとお母さん、子どもの間で違うこともあるかもしれません。そのようなときに、どのように話しあって、妥協点を見出していくのかということは、コミュニケーションのとても大切なレッスンになります。

親子でも、個性は違います。個性を持ち寄るのが、家族。旅の計画を通して個性を響きあわせることは、その子にとって一生続く宝物になります。**脳の中では、旅は予定を立てるときから始まっている**のです。

Profile

茂木健一郎

1962年東京生まれ。東京大学大学院理学系研究科物理学専攻課程修了。理学博士。脳科学者。

村田流
旅育メソッド
❷

役割や目標を設定、褒めて成功体験に

旅では子どもの年齢に応じた役割や目標を設定しましょう。小さなことで構いません。重要なのは、子ども自身が意識して行動すること。責任感や積極性が芽生え、目標を達成するために、粘り強さも鍛えられます。がんばったことを認められると小さな成功体験が心に刻まれ、自己肯定力へとつながります。

「自分は大丈夫」「やればできる」というように、自分を信じることができる子どもは、困難を克服し経験から多くを学びます。

ある名門私立中学校では「我々は、お子さんの能力を伸ばすカリキュラムには自信がありません。でも親御さんにしかできないことがある。自分は大丈夫。これでいいという『根拠のない自信』をぜひ育んでほしい」と保護者に話すそうです。

「どんなに素晴らしいカリキュラムも「根拠のない自信＝自己肯定力」がないと能力

は伸びないのです。では、どうやって育めばよいのでしょう?

「あなたなら大丈夫」と言葉で伝えても、子どもが心の底から自分を信じる力にはなりません。**自己肯定力は「できた」という成功体験を積むことでしか養われない**のです。「できた」と実感する上で重要なのが、親御さんが認めてくれた、褒めてくれたということ。親子のコミュニケーションこそが成功体験を積むための鍵になります。

旅だからこそ褒め上手になれる

日常生活で「褒める」ことは、なかなか難しいと感じませんか? 日常の行動はできて当たり前と思いがち。むしろ「できない」「やらない」ことに意識がいって、つい小言が多くなる……というのは、多かれ少なかれどの家庭でもあるのではないでしょうか。

その点、**旅では時間と場所が区切られるので、小さな目標が立てやすく、親御さんも褒めるタイミングがわかりやすいのがメリット**です。一つひとつは小さな成功でも、回数を重ねることで達成感や充実感を子どもが感じ始めたらしめたもの。

「やればできる」から「できると楽しい」「楽しいからチャレンジする」という好循が自己肯定へとつながり、日常の行動が変わることも期待できます。

ちなみに、**就学前のお子さんはあいさつや社会のマナーを目標にするのがおすすめ**です。「自分の荷物は自分で持つ」「元気にあいさつをする」などから始めてみてはいかが？ **小学生なら年齢と興味に応じて、役割を任せてみましょう。** 責任感を持ち、達成感を味わうことができます。わが家では電車の乗換えを調べて案内をする「案内係」、お土産の予算管理をする「会計係」などの役割がありました。学習に直結する目標を設定するのもいいでしょう。

忘れてならないのは、**できたら具体的に褒めて成功体験として心に刻む**こと。結果が十分でない場合もがんばったプロセスを認め、子ども自身がどうしたらよかったかを導き出せるようにサポートすれば、次の成功へとつながります。子どもだけではなく、親御さんも役割や目標を宣言して家族で取り組めば、一体感から絆も深まります。

実践してみよう！

関連ヒント

- 小さな子どもは社会のマナーやルールから（84ページ）
- 小学生になったら役割で責任感や自主性を育もう（85ページ）
- 移動時間は親子のコミュニケーションを深める時間（86ページ）
- ゲームやスマホも使い方次第で旅育に（88ページ）

教えて！

茂木先生②

男の子と女の子、目標設定や褒め方のコツは？

脳の報酬系では、**ドーパミン**という脳内伝達物質が放出されます。このドーパミンが出ることで、脳の回路が強化され、学習が進んでいくのです。これを、**強化学習**といいます。

ドーパミン系の動作の特徴は、予想していなかった結果に対して強く反応するということです。つまり、ドーパミンは、うれしいという「報酬」を表すと同時に、意外だったという「誤差信号」でもあるのです。

旅が脳を育む理由が、ここにあります。お家や保育園、幼稚園、小学校など、普段過ごす環境は子どもにとって大切な**安全基地**ですが、一方で慣れてしまうということもあります。旅に出て、新鮮な環境でいままでにない経験をすることで、「意外だった」という「誤差信号」が働きやすくなるのです。

ドーパミンは、自分でうれしいと思っても出ますが、他人から認めてもらったり、褒めてもらったりするとさらに働きが増強します。旅先ではお子さんを積極的に褒めてあげてください。

男の子と女の子といったジェンダーの差は、あまり気にする必要はありません。それよりも大きいのは、**第一子、第二子といった兄弟姉妹の間の関係**です。親と子が助けあうことはもちろんですが、兄弟姉妹でも、旅で助けあうようにすると、絆が深まり、脳にとっても協力を学習する貴重な機会になります。

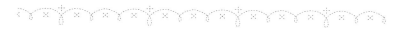

村田流
旅育メソッド
③

旅先では家族各々で過ごす時間をつくる

親と離れ、初対面の人と過ごすことは、子どもにとっては大きなチャレンジ。多様な価値観に触れ、多くの刺激を受け、短い時間でも確かな成長を得られます。親にとっても、自分の心身のメンテナンスをする貴重な時間になります。離れていた間の情報交換をすれば、思い出も膨らみ、記憶に強く残る旅となります。

家族旅行で親子別々の時間というと「せっかくの家族旅行になぜ？」という疑問の声が上がります。でも、家族とはいえ好みや関心が全く同じということはありません。想像してみてください。ずっと一緒だと、誰かが少し無理をしていませんか？　限られた旅先の時間を有効に使い親子各々《おのおの》の時間を適度に持つことは、**子どもの経験値を上げ、親がリフレッシュをして元気に日常へ戻るためにも大切**なことです。

海外のリゾートホテルや外国客船のクルーズでは、当たり前のようにキッズプログラムがあり、年齢に応じた体験を、同世代の子どもと一緒に楽しめます。言葉の問題など不安に思うこともあるのか、日本人は利用しない方も多いと聞きます。でも親が思う以上に子どもは順応性がありたくましいもの。**グローバル化が進む中で、いろいろな国のお子さんと交流し多様性を感じるせっかくのチャンス**ですから、ぜひチャレンジしてみましょう。未知の世界に触れ、成長した姿に驚くに違いありません。

最近は国内でも、地域や宿が主催し、子どもだけで参加できる体験プログラム、あるいは短時間の託児なども増えてきました。

私が最初に、息子と別れて過ごしたのは福島県のスキー場でした。私と夫はスキーへ、4歳だった息子は同世代の子どもと一緒に森の探検にいくプログラムに参加したのです。知らない人の中で大丈夫か不安でしたが、迎えにいくと満面の笑みで駆け寄ってきて、自分が見聞きしたことを伝えようと、言葉を探しながら一生懸命。息子の「ママやパパが知らない自分だけの経験や、感じたことを伝えたい」とがんばる姿は新鮮で、いまでも鮮明に覚えています。

それからというもの、環境が整ったときには、できるだけ親子が（時には夫婦も）離れて過ごす時間を、旅先で持つようにしています。家族各々で過ごしたあとに再会すると、情報交換が始まり会話が弾みます。**未知の経験を共有し想像することで、旅の思い出は二倍、三倍に膨らむのです。**

親子で一緒に体験し感動を分かちあうのは、家族旅行の醍醐味です。でもせっかく旅に出たのですから、真の意味での非日常を体験する機会を持ってみてはいかがでしょう？　初対面の同世代の子ども達と過ごす時間の中で、社会性や協調性なども育ち、「ママ＆パパから離れひとりで過ごせた」ということ自体が成功体験となり、自信となります。

旅先では家族別々に過ごす時間を

実践してみよう！

関連ヒント

- **子どもだけでプチ交流。体験＆キッズクラブのすすめ**（95ページ）
- **父子や三世代 過ごすメンバーを工夫する**（98ページ）
- **可愛い子には旅を。子どもひとり旅にも挑戦**（118ページ）

教えて！

茂木先生③

旅先のアクシデントが脳に及ぼす影響は？

旅は、予想できないことが起こるからうれしいのですが、一方で、困ったアクシデントもあります。

予定していた列車に乗れなかったり、飛行機が欠航したり。予約していたホテルやレストランが、思い描いていたものと違うという場合もあるでしょう。

そのようなときは、子どもたちに、トラブルの対処の仕方を教えるチャンスです。旅は、不確実性を楽しむゲーム。アクシデントが起こっても、こうやって処理すればいいと教えてあげることで、**不確実性を恐れないたくましい子どもが育つ**のです。

柔道の練習をするときには、受け身から始めます。もちろん、柔道をするときには相手を投げ飛ばして勝ちたいわけですが、思い切って技をかけるためにも、投げられたときに受け身ができれば安心なわけです。

人生も同じことです。アクシデントが起こっても、それに対処する心構えやノウハウを身につけることで、不確実なことがあっても自信を持ってチャレンジすることができます。

アクシデントが起こったとき、家族の絆が助けになるということを学習することも大切です。長い人生の中で、すばらしい仲間との出会い、絆こそが挑戦を支えてくれるという学びを得ることができるのです。

村田流
旅育メソッド
④

本物に多く触れ関心の芽を育む

旅では人との出会い、自然・歴史・文化など「本物」に触れる体験がたくさん。経験から学び、五感も刺激されるので、想像力や感受性なども養われます。旅では子どもが疑問を口にすることも多くなりますが、それは旅育のチャンス。興味の芽を大事に育てましょう。

一面の花畑に目を輝かせ、満天の星に感動する。少し大きなお子さんなら、歴史の舞台を見学、伝統工芸を体験ということもあるでしょう。自然・歴史・文化などの「本物」に触れる体験ができるのは、旅の大きなメリットです。本物に触れることで、子どもの五感が刺激され、感受性や新たな関心の芽が育まれます。

新しいものとの出会いが多い旅では、子ども自ら疑問を口にする機会も多くなります。子どもの「なぜ？」「どうして？」という疑問こそ、脳が育つタイミングであり、旅育のチャンスです。丁寧に向きあうことで探究心が芽生え、「知る」ことの楽しさを体感できるからです。

疑問には即答するのではなく、子ども自身が答えにたどり着くようにサポートする、あるいは**一緒に調べることを習慣にしましょう。**日常では忙しくても旅先なら、親御さんも時間や心に余裕がありがんばれるはず。

本来「知ること」「学ぶこと」というのは楽しいこと。でも昨今は、小さなうちから受験などを見据え、子どもの関心とは関係ない学びを優先してしまいがちです。結果として「学ぶこと」にマイナスイメージを持つ子どもも多いのではないでしょうか？

「やらされているのではなく、自分がやりたいからする」ということが大切です。

好きなことは放っておいてもグングンと自ら探求し、困難があっても自分で決めたことならがんばれます。旅で子どもが興味を示したタイミングを逃さず寄り添うことは、積極性や自立心へとつながります。

旅での「学び」が、授業の理解を深める

小学校高学年に差し掛かると授業内容も高度になります。学校の授業と関連のある

地や学びにつながる場所へ訪れるのもいいでしょう。気になった歴史スポットへ訪れる、理科の授業で習った技術がどう活用されているかを博物館で学ぶ、あるいは国語の教科書にあった物語の舞台へ行ってみる、そんなことをテーマに旅やおでかけをすれば、楽しみながら授業の理解も深まります。

先にもお話しした通り「波のダイナミックさ」「絵画の大きさ」など、本物を見ないと実感としてわからないことも多くあります。特に教科書など二次元の世界で目にしたものは、実際に訪れたときに「あれ？ 想像と違った」ということもあるでしょう。そういった一つひとつが、子どもの経験値となり、知恵を育む力となっていきます。

「知ること」「学ぶこと」をプラスに考えられるかどうかは、子どもが長い人生を自分らしく生きる大きな鍵となります。旅先での小さな好奇心を大切にし、子どもの日常でのモチベーション、自主性へとつなぎましょう。

実践してみよう！

関連ヒント

- 納得するまで、「なぜ？」「なに？」につきあう（91ページ）
- どこにでも広がる空は自然の教科書（103ページ）
- 小学生になったら専門家に親子で学ぼう（111ページ）

教えて！

茂木先生④

旅で地頭は鍛えられる⁉

地頭のよさには、さまざまな要素があります。

たとえば、**目の前のことに集中すること**。背外側前頭前皮質《はいがいそくぜんとうぜんひしつ》などの回路が、集中を助けてくれます。

また、**環境を認識する能力**。風景の中から、重要なものをピックアップすることも、この中に含まれます。

状況判断能力。いま置かれているのがどのような状況なのかを判断できなければ、適切な対処もできません。

好奇心も、地頭の大切な要素です。偉大な発明家、イノベーターは、必ず強い好奇心を持っています。人工知能が発達するこれからの時代は、好奇心の強い人こそが輝きます。

自立心も、大切です。自分で計画を立て、実行できる能力があってこそ、仲間との絆や協力も深めることができるのです。

集中力、判断力、好奇心、自立心といった地頭が、旅によって鍛えられることは明らかです。旅とは、つまり、脳にインプットされる情報が変化し、また、行動のアウトプットの条件が変わることですから、さまざまな角度から、脳の関連回路を鍛えることができるのです。

ヨーロッパの貴族が、かつて、子弟を**グランドツアー**と呼ばれる長旅に出す習慣があったのは、旅が地頭を鍛えることを経験から知っていたからかもしれません。

村田流
旅育メソッド
5

思い出を「かたち」にして記憶に残す

「かたち」のない旅の思い出は、何もしないと忘れ去られてしまいがち。旅を通じて得た学びを記憶に長く残すためには、振り返る機会を持ち、旅の思い出を目に見える「かたち」にするのがおすすめです。見るたびに家族旅行の思い出や、成功体験を思い出し、心の安定や自己肯定力へとつながります。

幼少期の子どもはいつも未来を見ています。あんなに楽しみにしていた旅も「旅行で○○して楽しかったね」と声をかけると、「あれ、そんなことあった？」という反応でがっかりする……なんてこともよく聞かれます。

日々刺激を受け、身も心も成長し続ける幼少期の子どもにとって、過去を振り返る暇はないのかもしれません。でも、**旅の最中や帰ってからのひと工夫で、記憶に長く残し、旅育効果を上げることはできます。**

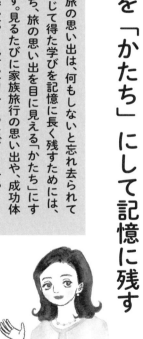

脳は必要ないと判断したものは3日で80%を忘れてしまうというデータがあり、帰宅後に旅での印象的なシーンや楽しかったことを思い出す機会をつくることが、記憶に残すために重要です。**写真や旅先で得た資料を整理する、長期休暇の自由課題になる作文や絵日記を書く等も、旅を振り返るきっかけになります。**

旅行後に何かするのは大変という場合は、**メソッド④の本物体験を工夫しましょう。**旅先で何かを収穫したり、製作したりすることで、「かたち」に残すことができます。農業体験や果物狩りなどでは、収穫物を家に持ち帰り、料理を一緒にしたり、食卓で会話をしたりすることで、旅を振り返る機会になります。

最近は小さな子どもでも伝統工芸などを体験できるところが増えています。世界でたったひとつのオリジナルの作品は、愛着がわき、できあがったときの達成感や褒めてもらってうれしい気持ちがつまった宝物になるはずです。

稲刈り体験では、精米して自宅へ配送してくれるのは後日になりますし、陶芸体験などは、焼き上げてから配送となるため、帰宅後しばらくたってから到着します。旅の記憶が薄れたころに届くタイムラグが、記憶をより鮮明に残すことへとつながります。

旅先からのはがきは旅の記録に

わが家で実践しているのは、旅先から、家族で一言ずつしたためたはがきを自宅宛てに送ること。未就学のお子さんなら、絵でも、サインでもいいでしょう。

帰宅後数日して郵便受けにはがきを見つけると、小さな子どもは喜んで報告にきます。手間もかからず、消印も残るので旅の記録にもぴったり。スタンプや絵葉書を活用すればご当地感も出ますし、はがきに書かれていたほんの一言から、忘れていた旅先の出来事や感じたことが自然と思い出されます。数年して見返すと、平仮名から漢字交じりへ変わる子どもの文字に成長を感じられるのも親としては嬉しいものです。

家族旅行の思い出を形にして記憶に残すことで、旅の経験から得た学びが日常へつながりやすくなります。お子さんの年齢や好きな方法で、楽しみながら取組んでみてはいかがでしょう？

実践してみよう！

関連ヒント

- 将来の宝物になる「旅の思い出」の残し方（113ページ）
- 旅で興味の芽を発見したら家でも環境を整える（116ページ）
- 旅では変化の時代を乗り越えるタフさが身につく（120ページ）

教えて！

茂木先生⑤

小さな頃の家族旅行は忘れてしまうの？

脳の記憶というものは不思議なもので、明示的に覚えていないことでも、痕跡としては脳の中に残っています。

一時的に覚える短期記憶や、ずっと覚えている長期記憶といった区別は多くの方がご存知かもしれません。記憶の中枢の一つは**海馬**で、海馬の働きによって、短期記憶が長期記憶に変えられます。

最近の研究では、記憶全体を、短期記憶や長期記憶を含めて**プロセス記憶**としてとらえるのがよいと提唱されるようになってきました。「プロセス記憶」とは、過去の経験が、いまの自分のものの見方、行動の仕方といった「プロセス」に影響を与えるという考え方です。

たとえ、言葉にできるような記憶としては残っていなくても、「プロセス記憶」として脳の中に残っている痕跡が、成長したのちの子どものものの見方や行動に影響を与えているのです。

脳の中では、過去は育てることができます。おとなになって、自分が小さなときに親と一緒に旅をした写真や動画を見ることで振り返り、それを安全基地として、自分の中で大きくふくらませることができるのです。

旅をするということは、**記憶を通して、未来に花が咲く「種」を植えることに似ているのかもしれません。**

第3章

いつもの旅を学びに変える25のヒント

「家族deたびいく」実践編

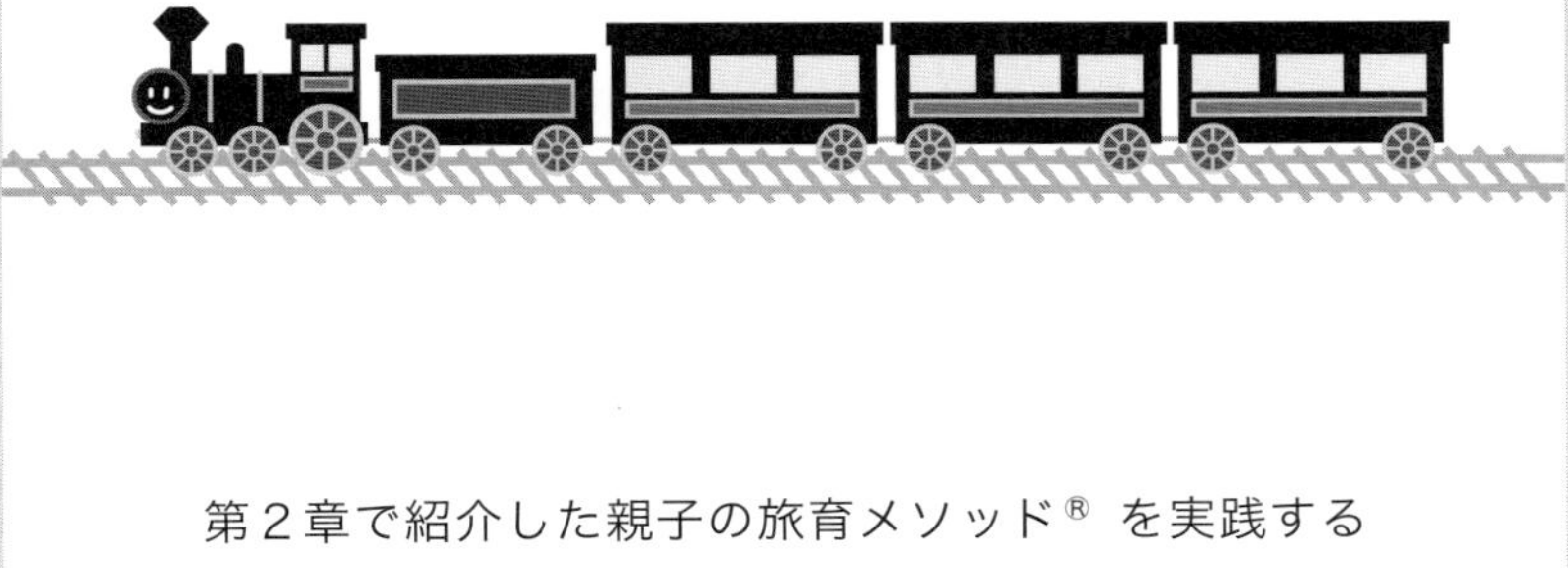

第２章で紹介した親子の旅育メソッド® を実践するときに役立つ25のヒントを紹介します。具体例も多いので参考にしながら、お子さんにあわせて工夫し、実践してみてください。

※25のヒントは、
以下のシーン別に掲載しています。
出発前（Tips①〜⑦・㉓）
旅行中（Tips⑧〜⑳）
帰宅後（Tips㉑〜㉕）

出発前
旅行中
帰宅後

Tips 1

どこへ行くかより何をするか。まずは近場から

家族旅行で大切なのは「どこへ行くか?」よりも、「何をするか?」です。「家族旅行は贅沢で、お金と時間をかける余裕がない」という声を聞きます。でも**「何をするか」という視点で探すと、意外と近場で経験できることは多く、さほどお金や時間をかけずとも旅育はできます。**

子どもの記憶には、旅はシーン(情景)として強く残ります。親子で相談し「新しいことにチャレンジする」「世界でひとつだけの作品をつくる」「魚を釣って料理して食べる」など、**旅のテーマを決めると計画が立てやすくなります。**

特にお子さんが幼い(未就学などの)うちは、遠出をしなくても大丈夫。たとえば電車で少し離れた「はじめての場所」へ行くだけでも、子どもにとっては未知の刺激的な世界です。公共のマナーを学び、旅育メソッドを意識して親子で決め

たテーマに取り組むことで成功体験を積み、自信へつなげることもできます。

日常的におでかけする場所でも、特別なイベントがあれば子どもにとっては、いつもと違う刺激になります。情報のアンテナを張っておくのも大切です。

やりたいこと（体験）や子どもの年齢から、施設や場所を探せるサイトも増えていますし、インターネットで興味のあるキーワードを検索すれば、近場で思いがけない穴場が見つかることもあります。

小学生になり学年があがると、歴史や地理、あるいは理科なら生物や地学などを習い、**子どもの知識も高度に、そして豊富になります**。

すると自然に「○○に行ってこんなことをしたい」「あの歴史の舞台を見たい」など、**特定の場所へ行く理由**が生まれます。この時期がきたら、旅を**「教育の一環＝日常や人生を豊かにする学びの機会」ととらえ、子どもの希望や思いをできるだけ尊重して旅を計画したい**もの。多くの人とコミュニケーションをして多様性を感じるのにも最適な年齢であり、旅にかけた時間と費用に見合う経験ができるようになります。

旅は一時のレジャーと考えれば贅沢と感じるかもしれません。でもくり返しお伝えしている通り、旅は学びの礎となる生きる力と、家族の絆を育むプライスレスな機会となります。可能な範囲で予算と時間を確保しましょう。

Tips 2

旅のテーマは子どもの興味や疑問をヒントに

「家族旅行はテーマを決めるといい」とお伝えしましたが、具体的に見つけるヒントを考えてみましょう。

①親の趣味や得意なことを旅のテーマにする

私は芸術が好きなので、子どもにわかりやすい「現代アートの鑑賞」や「伝統工芸を体験する」などをテーマに旅をしましたし、スポーツなどを一緒にするのもいいでしょう。うまくいけば親子で共通の趣味に発展する楽しみもあります。その際、**子どもの年齢や成長にあわせた内容を選ぶこと、興味がなさそうなら無理をせず機会を改める**のがポイントです。おもちゃに対象年齢があるように、旅での体験も興味を持って楽しめる年齢があり、デビューにはまだ早いということもあります。

②日常で子どもが興味を持っていることをヒントにテーマを考える

子どもも主体的に関わりやすくおすすめです。

日頃の言動から、あるいは本やテレビを観ているとき、学習したときなどに子どもが見せる「好き」「面白い」「なんでだろう」という興味の兆しを手掛かりにして、理解を深めるテーマを考えましょう。**さまざまな方法で好きなものに触れることで探究心や思考力が育ち、夢中になり極めることで、子どもの自信になります。**その際、子どもの興味はどんどん変化するので、出かけるタイミングが大事になります。

③その他

「親子一緒にはじめてにチャレンジ」というテーマも一案です。キャニオニング（滝滑り）やトレッキングなど、アクティブな体験も専門家と一緒なら安心ですし、困難を乗り越えることで親子の距離は縮まります。

珍しいところでは、私は世界遺産である奈良県吉野町の金峯山寺《きんぷせんじ》に修行の旅をしたことがあります（166ページ）。親子ではじめてのことばかりでいまでも印象に残っています。

誕生日や入学など「家族の記念日を祝う」、塾や習い事で疲れているなら「温泉でひたすらのんびりする」というテーマもいいでしょう。

Tips 3

計画は親子一緒に「旅の作戦会議」の進め方

旅の計画や準備の際には、旅育メソッド①でも紹介した**「旅の作戦会議」**をしましょう。子どもの年齢によって、内容や進め方は違ってきますが、共通して重要なのは**子どもが出した意見は尊重をする**こと。当たり前だと思われるかもしれません。でも、旅には「予算」「日程（時間）」の制限があるのです。子どもの発想は自由ですから、大人の事情で「難しい」となってはせっかくの旅育が台無しです。

具体的には子どもが小学校低学年ぐらいまでは、**親が予算や日程を踏まえた案を複数用意し、子ども達に作戦会議で選んでもらうのがおすすめ**です。

たとえば旅先を決める際にも、「○○で海水浴をする」A案と、「△△で動物と触れあう」B案を用意し、どちらがいいか検討します。その際、**意見と一緒に選んだ理由を、子どもからしっかり引き出しましょう。**思いを言葉にすることで、考えをまとめ伝える練習になります。また、ほかの意見を聞くことで「A案と思ったけれどB案でもいいかも」、あるいはC案という別の選択肢が出てくることもあります。

小学校高学年なら予算や日程など条件をあらかじめ決めて、家族が案を持ち寄るのもいいでしょう。そのための情報収集も重要なミッションになります。

子どもも自分が興味のあるテーマや行き先なら積極的に取り組みますし、予算や時間のバランスを考えながら計画を立て、プレゼンテーションをすれば、判断力や表現力も磨かれます。観光の計画にはウェブやガイドブックが役立ちますが、**最近は地図やパンフレットを送付してくれる観光協会も多く、ガイドブックにはない穴場情報や旬の情報も得ることができます。**「どんなテーマで旅を計画し、どんな資料が欲しいのか？」を考え整理したら、子どもが観光協会に電話をして取り寄せるのもよい経験になります。その際、どういったらしっかり伝わるか、また送付先の住所も必要となるので、あらかじめお子さんと確認をしておきましょう。

Tips 4

スケジュールを子どもに伝え自立をうながす

子どもが言葉を理解するようになったら、「どこへ行くのか」「旅先ではどんな楽しいことがあるのか」「どれくらい移動に時間がかかるのか」など、**旅の全体像を必ず伝えるようにしましょう。**旅の全体像がわかり、スケジュールが把握できると、子どもなりに「自分はどうしたらいいか？」を考え、旅での行動も自然と変わります。

小学生なら、旅行計画を一緒にすることでスケジュールが自然と頭に入り、なぜそうなったかのプロセスも理解できます。**決まったスケジュールへの納得感も高まり、「自分が計画した」という当事者意識から、旅で自立して動くようになります。**

わが家では、息子が小学4年生の夏休みに、「九州・観光列車の旅」を計画しました。乗りたい観光列車の希望を出し、乗り継ぎを調べ、タイムスケジュールを作成。すると朝一番の飛行機でないと間にあわず、起床は午前4時半！ 行程を妥協して出発を遅くする案も出ましたが「これがいい」と息子が決めて、決行することに。

出発の朝、息子を起こしにいくと、自分で起きて着替えを済ませ、準備万全でびっくり！ この旅では大雨で予定した列車が不通となる事態にも遭遇したのですが、息子が地元の人から聞いたバスの存在に助けられて旅を続けられました。

もし、親が決めた「連れていかれる旅」だったらどうでしょう？「なんで早起きするのか？」がわからず、眠くて起床や用意もぐずぐずして、お互いに不機嫌な状況で旅をスタートしていたかもしれません。列車が不通になってもどんな影響があるかわからず、漠然とした不安で喧嘩が始まる……そんな悪循環になっていたかもしれません。

子どもだからわからないと勝手に判断をせず、**子どもの年齢にあわせたスタイルで、旅の全体像を伝え、スケジュールを共有することを心がけましょう。**

Tips 5

旅支度は親子でワクワク。出発前から学びがいっぱい

旅支度は、**旅先の話をしながら一緒にするのがおすすめ**です。小さな子どもなら、「〇日から〇日まで△△へ旅行をするのだけれど、何回お泊まりする？」「着替えは何枚必要かな？」「海へ行くけれど、持ち物は何が必要？」と問いかけ、コミュニケーションをしながら準備を手伝ってもらうのです。

少し大きくなったら「どこへ行き何をするか」というプランを共有し、ガイドブックやパンフレットを見せて旅先の様子を伝えましょう。**抽象的な未来の旅を想像して具現化する旅支度は脳を鍛え、会話を通して出発前のワクワク感も親子で分かちあえます。**

移動時間が長いようなら、子どもに「何をして過ごすか」を問いかけ、必要なものを持ち物に追加しましょう。旅の準備に関わり、スケジュールがわかっていると、移動中にぐずることも少なくなります。

旅の話をする中で子どもが興味を示し、疑問を持ったことは、確かめにいくのもいいでしょう。訪れるのが難しければ本やウェブで調べるだけでも知識が深まります。

旅先ではなく、支度そのものに興味を示すこともあります。

私が化粧品の小さな容器をビニール袋に二重につつむのを見て、息子が「どうして二重にするの？」と聞いてきたこともありました。液体がこぼれてほかの物を汚しては困るから二重にしていること、飛行機に乗るときには特に気をつけないと、上空は気圧の違いで中の空気が膨らんでフタがゆるみ、液もれしやすいことを、分かりやすく説明しました。何気なくしている旅支度といえども、子どもにとっては不思議なことがいっぱい。そこから好奇心や学びへつながることもあるのです。

この「気圧の違い」の話には後日談があります。飛行機に乗ったときに上空で飲んだペットボトルが、着陸時に見るとへこんでいるではありませんか！　その様子を見て、幼いながらも息子は感覚で気圧の違いを理解したようでした。

旅先でも「○○ちゃんが自分で用意したのよね」「海水浴の用意、ばっちりだったね」と旅支度を手伝ってくれたことへの感謝を伝えれば、子どもも「できた」「うれしい」と感じ、それが自信になり、次の旅支度も進んで手伝ってくれるはずです。

Tips 6

小さな子どもは社会のマナーやルールから

未就学のお子さんの旅育は、社会のルールやマナー、基本的な生活習慣を身につけることからスタートするといいでしょう。具体的には「公共の場や乗り物では静かにする」「大きな声であいさつする」「おもちゃの入ったリュックは自分で持つ」などの約束をするのです。最初のうちは**「どこで、何を、どうするか」を子どもと相談して決めると、子どもが行動に移しやすく、親も褒めるタイミングがつかめます。**

たとえば「列車の中では（どこで）、塗り絵をして（何をして）静かに過ごす（どうする）」といった感じです。その際「なぜ静かにしなくてはいけないか？」の理由を説明し理解すると、違う場面でも応用がききます。

慣れれば「列車に2時間乗るよ」と伝えるだけで、子ども自身が、考えてルールに沿った行動をするようになります。それを褒めることで、習慣化していきます。

Tips 7

小学生になったら役割で責任感や自主性を育もう

旅育メソッド②で、「役割や目標を設定する」とお話ししましたが、小学校低学年の子どもは役割を担うことで「頼られてうれしい」「がんばろう」と素直に思います。親が旅育メソッドを実践するには、一番いい時期です。兄弟がいれば、協力してできるような役割もいいかもしれません。できたら褒め、結果が十分でなくても努力を認めて「どうやったらよかったのか？」を一緒に考えることで生きた知恵になります。

学習に役立つこともゲーム感覚で楽しんで、目標を設定するといいでしょう。たとえば、家族で世界遺産の姫路城に訪れたときには、初代の池田家から歴代城主の家紋が残っていると知り、すべて発見できるかを競いました。博物館などでは、後でクイズを出しあうと決めておくと、「パパ、ママが回答できない難しい問題をつくろう」と集中力や観察力が高まります。

Tips 8

移動時間は親子のコミュニケーションを深める時間

移動時間に子どもがおとなしくしてくれるかどうかは家族旅行の永遠の悩みです。でも、よく考えると、**移動中は家族が集う貴重なチャンス**。子どもとじっくり向きあい、積極的に親子のコミュニケーションを育みましょう。

そのためには、移動にどれくらい時間がかかるかをあらかじめ伝え、どう過ごすかを相談しておくこと。そうすることで子どもも先の見通しが立ち、騒がずに落ち着いて過ごせます。

出発前に、地図で移動ルートを確認しておくと、自宅と旅先の位置関係がわかり、「富士山が見えるかも」など、窓からの景色を想像して確認する楽しみもできます。降りるときには、座席のリクライニングを直しまわりを整え、ゴミをまとめたりという片付けを一緒にすれば、マナーも自然と身につきます。

車で移動する際は、子どもは三半規管が未熟で酔いやすいので、近くの画面を見るなどは避けましょう。**車内は家族だけのプライベートな空間**ですから、それぞれが好きな音楽を順番で聴いたり、小さなお子さんならしりとりやクイズをしたりするなど、過ごし方は自由自在。車の色やナンバーを素材に、「どちらが赤い車を多く見つけられるか？」「『わ』のナンバープレートを探す」、計算ができるのなら、ナンバープレートの数字を利用して「できるだけ大きな数になる式をつくる」などもおすすめです。

そのうち**子どもが自ら遊びのルールを考え始めたらしめたもの。小さなことですが、自主性や創造性が芽ばえた証拠**です。「すごい、自分で考えたんだ。よし、やってみよう！」と褒めて楽しんでください。きっとお子さんはうれしそうにしているはずです。

普段なかなか時間がなくて聞けない、学校での様子や友人関係などを、さりげなく話題にしてみるのもいいでしょう。親が忙しそうにしていると、子どもは気を遣い言い出せないこともあります。プライベートな話ができるのも車移動のメリット。**移動は子どもと一緒に過ごす楽しい時間と考え、過ごし方を工夫**してみましょう。

Tips 9

ゲームやスマホも使い方次第で旅育に

「静かにしようね」と子どもに言いながら、親御さんがスマートフォン（以下スマホ）をしていることはありませんか？　子どもも暇を持て余しているときに、これでは納得がいきません。かといって、長時間にわたり親はスマホ、子どもはゲームというのも、せっかくの親子一緒の貴重な時間がもったいないと感じます。

ゲームなどの情報端末も、ちょっとしたひと工夫で旅育になります。

大事なのは、**子どもが騒がしくなってから渡すのではなく、予定に組み込み約束をしておくこと**です。たとえば、出発前に「ゲームをするのなら時間を決めておこう。お母さん（お父さん）もスマホをしたいから」と提案をして、30分などと約束をしておくのです。

そのうえで時間を守り、きちんとやめられたら褒めましょう。これも小さな成功体験の積み重ねになります。なお、**親御さんもこのルールは原則的に従う、あるいは別にルールを決めて守ってください。**「仕事だから」「親は特別」という理由は、子どもには通じません。「パパ、ママだけずるい」という不信感になるので注意しましょう。

スマホの機能を使って旅育しよう

景色と連動してスマホの検索機能やGPSを使えば、現在地がわかり疑問も解決でき、子どもの知識も深まります。

たとえば、春に長野へ旅をすると、車窓に白い花のついた木々が一面に広がります。「なんだろうね？」と一緒にスマホで調べると、リンゴの花だとわかります。すると「リンゴの花は白く可憐で、咲く季節は春」と子どもの脳にインプットされます。関連して、リンゴの実は秋から冬にかけて木に実る、長野県は中部地方でリンゴは特産物などを教えると、知識が深まります。

さらに話を広げて「長野にはほかにどんな特産物があるか？」「リンゴはどんな気候で育つ？」「ほかにリンゴができる場所は？」「冬には雪が降るのか降らないのか？」など、連想ゲームのように問いかけ（子どもの質問や疑問から広がることもあります）、クイズのように楽しみながら調べれば、子どもの知識もどんどん増え、旅の光景とともに記憶に残ります。

こういったやりとりを繰り返すことで、探究する習慣がつき、別の景色を見たときには、子ども自ら想像力を働かせて「あれはなんだろう？」と疑問を口にするようになります。

ゲームやスマホなどの情報端末は便利ですが、つきあい方が難しい部分もあります。でも将来に向かい発展することはあっても、なくなることはないでしょう。ならば頭ごなしに否定するのではなく、**うまくつきあう方法や、学びに活かす方法を考える、そんな場に旅を活用する**のも一案だと思います。

Tips 10

納得するまで「なぜ？」「なに？」につきあう

日常は忙しく、子どもの「なぜ？」「なに？」という疑問にしっかりと向きあうのが難しいことが多々あります。他方、旅育メソッド④でも紹介しましたが旅は親も気持ちに余裕があるため、子どもの興味や関心を発見し、育てるにはうってつけの時間です。**子どももいつもと違う世界に触れ、好奇心もパワーも全開。**せっかくですから、**子どもが納得するまで、「なぜ？」「なに？」にとことんつきあいましょう。**親がわからないこともそのままにせず、一緒に調べ、博物館なども活用してみましょう。疑問を糸口に探究することで、学ぶことの楽しさを体感できます。

息子が小学校2年生の夏、新潟県の魚沼周辺をドライブしました。

偶然通りかかった清流が美しく、休憩をしながら稲刈り前の田園や魚釣りをする人たちを眺めていると、息子が「黒いトンボがいる!」と興奮気味に声をあげました。指さすほうを見ると真っ黒な羽根に体は黄緑系の蛍光色をした、私も見たことがない昆虫が川面を飛んでいます。夫が「トンボみたいだけれど、飛び方が変わっているね」と言う通り、羽の動かし方は蝶のようにヒラヒラ。「なんていう名前?」と息子に聞かれてもわからず、写真を撮り、あとで調べることにしました(当時スマホはなかったのです)。

帰宅後、写真を頼りに調べると「ハグロトンボ」らしいことが判明。水のきれいな場所に生息するという説明から「そういえば、魚釣りをしていたね」「何が釣れたのかな?」と息子の想像は膨らみ、さらに「雄と雌で色が違うんだって。あれは雄だよ」ということも、自分で調べて知るところとなりました。

このハグロトンボには、それから5年後、大分県にある長湯温泉の川沿いで再会。息子も覚えていて「この川もきれいなのかな」「九州にも生息しているんだ」という新たな発見をしていました。

いまならスマートフォンを活用すれば、疑問は即座に解決できますが、「なぜだと思う?」と子どもに問いかけ、考える時間を設け、帰宅後に調べる方法もよいでしょう。疑問は学びの大きなチャンス、ぜひ大切にしてください。

Tips 11

敷居の高い場へステップアップする

家族旅行では、子どもが騒ぐことを心配して行動や場所を選ぶことがあります。ほかへの配慮という点では正しいことですし、「万一、騒いだときも安心」という親御さんの気持ちもわかります。でも、**あえて敷居の高い場を経験することで身につくこと、子どもが変わることもありますから、上手にステップアップしましょう。**

たとえば「外食」といえば、ファミリーレストランへ行くことも多いでしょう。すごく魅力を感じてというよりも、手軽さから利用されるのではないかと思います。ファミリーレストランは、大勢の人がいる公共の場ですから、外での食事マナーを身につける機会にしましょう。

「ほかの人もいるから、話はテーブルで聞こえる大きさにしよう」「食事中はきちん椅子に座ること」「(料理を運んでいて危ないから）歩き回らない」などを事前に約束し、守ってお行儀よくできたら褒める。これを繰り返すと、家の中と外ですべき行動は違うことを子どもが理解し、社会性が身につきます。

慣れてきたらホテルのレストランや旅館など、ちょっと敷居が高い場へも出かけてみましょう。昨今は、子ども連れに理解のある施設も増えています。いつもと違う雰囲気やお客さんの様子に子どもは緊張しながらも、**一人前のお客様としてサービスしてもらえるのが誇らしく「ちゃんとしよう」という気持ちが芽ばえます。**

私の仕事もあって、息子は小さなときからホテルや旅館へも行きましたが、スタッフや仲居さんに「最後まで静かに食べられてえらいね」「お行儀よくできたね」と褒められたのがうれしく自信になったようです。そのせいか、振り返って考えても食事中に騒いで大変だった記憶はありません。

「騒いでも許容される場」だけに慣れてしまうと、公共の場でのルール、あるいはTPOが身につきにくくなります。移動手段も車だと親の気は楽ですが、公共の乗り物を体験して、教えないといけないこともあります。親御さんもパワーがいるので毎回ではなくてかまいません。ただ、**機会や場が子どもの行動を変えることがあることも意識して、敷居の高い場へのステップアップにも挑戦してほしい**と思います。

Tips 12

子どもだけでプチ交流。体験&キッズクラブのすすめ

旅先では「親子それぞれで楽しむ時間」を持つことを旅育メソッドではすすめています。その際に便利なのが子どもだけで参加できる体験プログラムです。

小学生になると、自然体験ツアー（※参考：ピッキオ128ページ）、伝統工芸やクラフト体験、クッキングや乗馬、スキーなど、子どもがひとりで参加できるアクティビティも多彩にそろいます。お子さんの希望を聞いて選ぶといいでしょう。具体的に参加したいアクティビティが決まっていれば、その施設や団体のウェブページで確認したり、旅先が決まっているのなら観光協会に問い合わせてみるのも手です。宿が運営、あるいは委託して実施しているものもあります。

未就学のお子さん向けには、キッズルームで絵本を読んだりクラフトをしたり、楽しみながら保育のプロが見守る「託児サービス」を用意するホテルや旅館が増えてい

ます。国内の外資系ホテルの中には、４歳前後から参加できるキッズクラブがあるところもあり、いずれも宿泊者サービスの位置づけで、料金も比較的手頃です。たまには**夫婦でゆっくり食事をし、その間、子どもは同世代のお友達と遊び交流する**という過ごし方も検討されるといいでしょう。

海外のリゾートでは、３歳ぐらいから参加できるキッズクラブを併設するホテルが多く、多様性を体感する貴重な場となるので、機会があればぜひ利用してみましょう。

私がフィジーで利用したホテルのキッズクラブは、３歳から利用ができてプログラムは英語。日本人は息子ひとりでしたが、フレンドリーなフィジアンのスタッフとボディランゲージでコミュニケーションをし、すぐに溶けこんでいました。参加者の多くはオーストラリアやニュージーランドの子どもたち。中には日本語を習っている子どもがいて、「こんにちは」と声をかけられて息子がびっくりする場面も。お互いに貴重な経験になったに違いありません。そのときのプログラムの一例をあげると

・桟橋からの魚（小さなサメ）の餌づけ
・トラクターに乗って島内を散策
・島内で一番高い見晴台まで探検

・フェイスペインティング（息子は虎に変身：巻頭10ページ）などワクワクするものばかり。**参加者にはオリジナルのリュックとTシャツがプレゼントされて、滞在中はいつでも利用でき、価格は最初に登録料が数千円程度とリーズナブル。**思い出深い体験になっています。

モデルルート（180ページ）でも紹介していますが、日本発着クルーズを行なっている欧米系のクルーズ客船の多くは、3歳からキッズクラブが、3歳未満は託児サービスがあります。キッズクラブは年齢別に分かれていて、ダンスやゲーム、スポーツや、船内見学などユニークなプログラムもあり利用は無料です（※一部プログラムをのぞく。託児は有料）。

クルーズというと高価なイメージがありますが、1泊あたり1万円台からで、大人と同室の小学生以下の子どもは乗船料が無料という船もあります。ベッドに寝たまま移動でき、船内での楽しみが多い船は「動くホテル」ともいわれ、ファミリーや三世代旅行にもおすすめです。

Tips 13

父子や三世代過ごすメンバーを工夫する

親子それぞれで過ごすといっても、未就学のお子さんが参加できるアクティビティは、親子での参加が中心。託児サービスも増えてはいますが、まだまだ子どもだけで過ごす環境が整わないこともあります。

そんなときは、**日常で一緒に過ごす時間が少ないメンバーでチームとなり、別れて行動**をしてみましょう。「お父さんと子どもが一緒のチーム、お母さんはひとり」といった具合です。巻頭の対談で星野リゾートの星野佳路代表が、父子旅行に出かけたときのエピソードを語られていますが、特に父と子は家族全員で過ごすときとは違う、特別な絆が生まれることが多いようです。

以前、「父子ツアー」を企画した企業の担当者に取材をする機会があったのですが、印象的だったのが「夕食のビュッフェの様子」です。ある子はお皿いっぱいにデザートだけ、ある子は唐揚げとスパゲティを山盛り。野菜を食べている子はほとんどおらず、子どもたちは好きなものだけをお皿に盛ってご機嫌だったそう。そして**「今日だけは特別。ママには内緒」**という約束が飛び交っていたとか。

一般にお母さんは、日頃から栄養のバランスを気にしていることもあり、旅先でも同じように口出しをしがちです。その点お父さんは「一日ぐらい好きなものだけを食べても問題ない（確かに！）」とおおらかに見守るスタンスが多いようです。

わが家も旅先で息子と夫が2人で過ごすと、ちょっとした冒険をしていたようです（内緒なので詳細はわかりませんが）。あとで息子が口を滑らし、「そんなことをしていたの？」とハラハラすることも。でもそんな**「パパとの秘密の時間」は、学校や塾で忙しく、ストレスフルな子どもにとっては息抜きの場となり、お父さんにとっては、日頃のコミュニケーション不足を埋め、子どもと絆を深める好機**になります。そしてお母さんも、自分のための時間を過ごすことで、疲れが癒され、日常へ戻っても、育児に前向きに取り組めるようになります。

三世代旅行では祖父母と孫で過ごす時間を

親子におじいちゃん、おばあちゃんという三世代での旅行も近年増えています。三世代旅行も、祖父母と孫がチームで過ごせば、その間に親御さんは子ども連れではできない体験やゆっくり食事をするなど夫婦の時間を持つことができます。

子どもから見た祖父母は、ママやパパと似ている部分があり安心できる存在。それでいて価値観や趣味・嗜好は違うため、**世代を超えて交流することで子どもは多くを学びます。**

親世代はすでに自然との触れあいも希薄ですが、祖父母世代は自然の中で幼少期を過ごし、自然に親しみ、くわしい方が多いもの。おじいちゃんと虫捕りをしたり、おばあちゃんに花の名前を教えてもらったり。小学生なら、トレッキングなど祖父母の趣味を一緒に楽しむのもいいでしょう。祖父母にとっても、孫と一緒に過ごす時間はかけがえのないもので、忘れられない思い出になります。

旅先で過ごすメンバーを工夫し、それぞれで過ごす非日常のメリットを感じてみてください。

Tips 14

五感で味わう体験は小さなときから触れてみよう

多くの体験には楽しめる適齢期がありますが、**五感（視覚、聴覚、触覚、味覚、嗅覚）で味わう体験は年齢を問いません。** 小さなときから積極的に触れさせるといいでしょう。刺激が脳を活性化させ、情操教育になります。親子で感想を述べあえば自分の思いを表現する練習になり、「同じ体験をしても一人ひとり感じ方が違う」という気づきも得られます。

楽器の演奏は生で聴くとその迫力に驚いたり、美しい調べになごやかな気分になったりと心が動かされます。大人以上に子どもは感化されやすく、食い入るように気になる楽器に魅入ったり、体全体でリズムをとったりして楽しむこともあります。

絵画も同じです。特に現代アートは、観て触れて感じて楽しめるので、幼い子どもにもおすすめです。

絵本作家の故・戸田幸四郎先生が子どもたちを対象として開催した絵画イベントに、息子と参加したことがあります。「フロアいっぱいに画板を広げ、ピアノの演奏を聴きながら音のイメージを描く」というものでした。最初は風をイメージした曲、そして最後は「第九」です。

「大人はうまい下手という判断をしがちで才能の芽を摘んでしまっている。だから今回は音を聴いて絵にするんだよ。音の表現には正解はないからね」という先生の言葉に、ハッとしたのをいまでも覚えています。音のイメージですから、親も横から口をはさむわけにもいかず、子どもたちはのびのびと自由に描き、できあがった作品は個性があふれ、いきいきとしています。**固定観念に縛られず感じ表現することで、創造力やひらめきが開花する**のだと知りました。

自然体験は、五感を使って楽しむ代表です。森に入れば鳥の鳴き声や草木の匂いを感じ、土をぎゅっと踏みしめる感触もアスファルトに慣れた子どもには新鮮です。土から新芽が顔を出す姿に春を感じ、旅先でその土地の旬の物を食す。四季がある日本に住んでいるのですから、積極的に**自然の中に身を置き、五感をフル稼働させて、季節ごとの自然の営みを親子で感じてほしい**と思います。

Tips 15

どこにでも広がる空は自然の教科書

旅育では、「その土地ならでは」を意識することが多いのですが、「空《そら》」は特別な存在です。全世界どこにでも広がっていますが、一瞬一瞬で様子は変わり、同じ姿に出会うことはありません。見上げるたびに感動したり、疑問がわいたり、**いつでもどこでも、そして小さなお子さんから旅育ができる、空は自然の教科書**です。

早起きして日の出を拝めば、太陽が顔を出した瞬間にあたりが明るくなる様子や、思っていたよりも太陽の昇るスピードが速いこと、それと同時に、ぐんぐんと気温が上がるのが体感できます。太陽がどれだけ地球にとって、日々の生活において偉大な存在かを、小さな子どもから感じることができるでしょう。

日中は浮かぶ雲を「何に見えるか」を想像して子どもと遊んだり、珍しい雲があれば、名前やできる仕組みを調べることで子どもの知識を深めたり、理科の勉強にもつながります。

夕暮れで太陽があたり一面を赤く染める様子や、黄昏《たそがれ》どきの空の美しさは感動もの。そして星が瞬く夜には、ぜひ家族で星空観察をしてみましょう。

星座を見つけたり、見える星の数が都心とは違ったりすることから、環境問題へ関心が広がるかもしれません。わが家は星座の本や星座版を旅先に持参していましたが、最近はＡＲの技術を搭載したものなど便利なアプリも多く、手軽に宇宙や天体の情報を得ることができます。

学びにもいいのですが、なんといっても、降るような星空を親子で眺めた感動は、忘れられない思い出の一シーンになります。何光年も旅をしてきた光を見る神秘、**無限に広がる宇宙へ思いを馳せると、不思議と気持ちが洗われ悩みがスッキリする**こともあります。

反抗期になり言葉を交わす機会が少なくなった子どもとも、**星空の下なら素直になり心が通じあう**ことも。

いつでもどこでも見上げれば寄り添ってくれる空は、旅育の強い味方です。

出発前
旅行中
帰宅後

Tips 16

博物館や美術館での学びを増やそう

旅先の観光スポットとして、あるいは自宅からのおでかけ先として、博物館は重宝します。その土地の産業や特産品と関わりが深い展示が多く、広く深い情報が得られるので、**旅先や住む地域の理解に役立ちます。**ＩＴなどの最新技術を取り入れた体感型の施設も増え、リアルな場では不可能な「博物館だからこそできる体験」も魅力です。最近は**ウェブページに子ども向けの楽しく学べるコンテンツを公開している施設が多い**ので、事前にチェックするといいでしょう。どんな展示があるのかを知ることで、おでかけのワクワク感が高まり、知識を得れば、展示の理解も深まります。子ども向けのイベントや、科学館ではサイエンスショーやプラネタリウムなどもあるので、当日のスケジュールをチェックし、観覧ルートを親子一緒に、あるいは子どもに考えてもらいましょう。当日は、それを元にナビゲーター役を任せることで、主体的に行動することにもつながります。

わが家は美術館でも、観たい絵画を息子に伝えて、館内をどうまわるかの計画をお願いすることがありました。館内地図を印刷し、観たい絵画の場所に目印をつけて、息子がナビゲートするのです。海外の美術館や、国内でも徳島県にある大塚国際美術館（170ページ）など、撮影可能な美術館（※フラッシュは一般的にＮＧ）では、お目当ての絵画をチェックポイントに見立てて一緒に記念撮影をしたり、カメラを子どもに持たせ、子ども目線で作品を撮影することも。**スタンプラリーのように楽しめて、地図の読み方の練習になり、予定通りまわることで達成感も得られます。**

作品のタイトルも、絵を観てタイトルを考えるゲームをすれば、旅育の素材になります。伝統工芸の美術館、歴史の博物館などでは、タイトルに難しい文字や漢字が並び理解が困難なこともあります。でも観察すると、何度も繰り返し出てくるキーワードがあり、それを元に調べると、模様や色などの意味があったり、一定の法則でタイトルがつけられていることもあります。そんな発見を楽しみながら親子でまわると、学びの幅が広がります。

Tips 17

目にする看板やパンフレットで漢字をマスター

駅や空港、道路、観光施設などでは、看板に大きく書かれた漢字を目にします。音(読み方)と一緒に確認すると、子どもはうらやましいほどよく記憶します。わが家では、息子が習った漢字を見つけては「あの漢字、知っている!」と言うので、多少難しい漢字が混じっていても、看板の表記を声に出して聞かせていました。「三内丸山遺跡」と書かれていて、「僕、三《さん》ていう漢字習ったよ」と息子が言えば、「『さんないまるやまいせき』だよ」と読みあげるのです。

最近は観光施設も**子ども用のパンフレットを用意し、難しい漢字にはふりがなを振っています**。それらに触れているうちに息子は漢字の読みを覚え、かなり難しい漢字も読めるようになりました。声に出すだけなので手間いらず。思い出も一緒に記憶されるので、ぜひ試してみてください(※書き取りは、練習しないと難しいようです)。

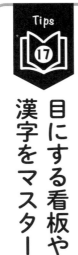

Tips 18

時間やお金が身近な旅で数字に強くなる

旅では列車や飛行機の時間、テーマパークのイベントなど、時間に縛られることが多いもの。それを利用して「列車の出発まであと何分？」、「15分だね。トイレへ行けるかな？」などと会話をすれば、時計の見方、時間の計算、そして「これくらいの時間があれば何ができるか？（トイレや食事、買い物など）」という、**時間感覚が子どもの中に蓄積されます。**幼いうちは駅の大きなアナログ時計がわかりやすくて便利です。切符を自動券売機で購入するのも、運賃の体系（何駅かごとに値段が上がる）を知る機会になり、ボタンを押したら出てくる切符に小さな子どもは目を輝かせます。

レストランでは「合計でいくらか？」、買い物なら「おつりはいくらだ？」と、わが家は数字に強い夫がゲーム感覚で問いかけることが多くありました。正解しておつりがぴったり手元に戻ってきたときには、息子は満面の笑み！

こういった身近な成功体験を重ねると、数字に自然と興味が湧き、計算にも自信を持つようになります。算数の計算練習は「なぜこれをする必要があるのか？」が子どもにはわかりにくいと感じます。**生活の中で計算が必要な場面を知り、実践で考える**ことも、数字を好きな子になるために大切です。

Tips 19

歴史は旅で学ぶと想像力が豊かになる

歴史を暗記ではなく本質的に理解するのには、その土地の特徴や、いまとは違う時代背景、風習などを想像し考えることが必要です。

息子が小学生になると歴史が好きな夫の意向で、家族で史跡にも訪れました。

その土地の生活や気候、風景を感じ、過去へ思いを馳せて歴史の舞台に立つことは、想像力を鍛え、豊かにします。訪れた場所に縁のある出来事を習うと、旅の経験が広がりをもって知識を補強し、旅で養われた想像力は、学校での勉強にも役立ちます。
逆に授業で習ったことのある「本物」に出会うと、息子は興奮気味に自分の知識を総動員して説明してくれることもありました。**教科書に写真が載っている出土品を実際に見るなどの経験は、歴史を身近に感じ興味を深めることにつながります。**

「これ教科書に載っていたよ。こんなに小さいんだ」と息子が言ったのは、福岡市博物館に所蔵されている金印「漢委奴国王《かんのわのなのこくおう》」。そのときは、金印が発見された志賀島へも足を延ばしました。

知識と実体験がつながることは、子どもにとっては嬉しく、学びのモチベーションもあがります。

ボランティアガイドやJR東海のツアー（139ページ）のように、専門家に学ぶ選択肢はいくらでもあります。小学校高学年になったら歴史をテーマにした旅はおススメです。

Tips 20

小学生になったら専門家に親子で学ぼう

小学校高学年、早いお子さんでは小学3年生ぐらいから、親が主導の旅育に限界が出てきます。ひとつは**子どもの知識が豊富**になり、分野によっては親よりくわしくなること。もうひとつが**反抗期**です。親のいうことだけは聞かない、親だからできないことが、反抗期には増えるのです。でも、外では意外ときちんと対応している子どもも多く、この年ごろになったら**第三者の専門家の手を借りて、親も一緒に学ぶスタイルがおすすめ**です。

専門家のナビゲートで新しいことに親子一緒にチャレンジしたり、観光地ではボランティアガイドの方に案内をお願いするのもいいでしょう。私は息子と広島の平和記念公園に訪れた際（168ページ）、自身も経験がない戦争について説明をする自信がなく、ボランティアガイドをお願いしました。反抗期が始まりつつあった息子も、ガイドの方の話には熱心に耳を傾け、親子で理解が深まり非常に充実し、得るものの多い旅となりました。なお、**平和学習や環境問題などがテーマの旅は、親が意識して働きかけないと子どもから言い出すことは少ない**もの。理解できる年ごろになったら、なぜここへ行きたいか、何を伝えたいかを丁寧に説明して、親御さんからお子さんに提案をしてみるといいでしょう。

博物館や美術館でも学芸員の解説がある施設が増えていますし、インターネットで調べると、専門家や著名な人の話を聞いたり、活動を共にできたりする機会も見つけられます。

その道の専門家の知識、あるいは生き方に触れることで子どもの世界は広がり、新たな好奇心へとつながることも多くあります。親を超えて成長し自立する前の大切なこの時期は、第三者の力を借りて、旅の思い出をつくり、大切なことを伝えましょう。

出発前
旅行中
帰宅後

Tips 21

将来の宝物になる「旅の思い出」の残し方

思い出はかたちに残しましょう。**かたちにすることで見るたびに旅での成功体験や家族の幸せな時間を思い出し、日常の行動にもプラスとなります。**帰宅後にひと手間かけてかたちにすると、旅を振り返り記憶に残りやすくなるのでおすすめです。子どもが好きなこと、得意な方法でかたちにするといいでしょう。ただ時間をとるのが大変なときは無理をせず、旅先でかたちにしてしまうのも一案です。

わが家では、旅育メソッド⑤（69ページ）でも紹介した通り、旅先から一言ずつ書いたはがきを自宅に送っていました。

はがきの投函は息子の役割だったのですが、ポストが見つからずに探し回ったり、各地の面白いポストを発見したり、そんなことも一緒に思い出されます。

昨今は年賀状を書かないせいか、小学校高学年でも、宛名の書き方、自宅の住所がわからないというお子さんが多いことに驚きます。手紙を送ること自体が少なくなっていて、わざわざ機会を設けないと知るきっかけがないのでしょう。

ほかにもビーチで収集した貝殻は、場所を明記したシールを貼り、きれいな箱に入れて保管。伝統工芸などを体験してつくった作品は、飾ったり実際に利用したりして日常で目にする機会を多く設けています（巻頭8ページ）。

旅のファイルづくりは一石二鳥

帰宅後の旅行資料のファイリングは、私がもともと仕事の一環で始めたのですが、息子が小学生になると手伝ってもらうようになりました。地図や観光パンフレット、観光施設のチケットや列車の乗車記念証、スタンプラリーの用紙に食事のメニューなど、旅先で手にしたものを、帰宅後にわかりすくファイルをするのです。「これは何日目だったかな？」「この資料は同じ場所でもらった」など**旅を振り返りながら作業をすることで子どもの記憶に深く刻まれ、旅の記録としてファイルもできて一石二鳥**です。息子はこだわりがあり、私よりもセンスよく美しくファイリングをしてくれるので、それを褒めると率先してやってくれるようになりました。

夏休みには自由研究の宿題が出ますが、**旅の記録を作品にするのもおすすめ**です。息子は、いつも旅先で集めているものをスケッチブックにレイアウトして貼り、説明を加えた「旅日記」や、旅で見つけた看板やサインをテーマにした自由研究、あるいは旅先で製作した伝統工芸品なども、宿題として提出をしていました。夏休みには多くの施設で自由研究に役立つプログラムが実施されるので、活用するのもいいでしょう。

旅先で撮影した写真も子どもと一緒に選んで、あるいは子どもが撮影した写真をプリントして額に入れて飾ると、子どもは誇らしげで満足そうにします。日常的に目にする形で残すことで、旅での成功体験や家族の楽しい思い出が繰り返し思い出され、それは自信や心の安定、自己肯定へとつながります。

Tips 22

旅で興味の芽を発見したら家でも環境を整える

旅でのたくさんの刺激は、子どもが新たな興味や関心を抱くきっかけになり、深めることへとつながります。旅で芽生えた興味は大切に、帰宅後も環境を整えましょう。関連したニュースがあれば共有する、本を揃える、インターネットで情報を収集するなどは手軽に実践できます。博物館に足を運べば、実体験とは違う角度からの学びとなり学問的な裏づけができます。関連した習い事やイベントに参加する、その道のプロの技を見たり、話を聴く機会を持つのもいいでしょう。**知識や技術、あるいは生き方に感銘を受け、目標や将来の夢へつながる**こともあります。

2018年平昌《ピョンチャン》オリンピックでスノーボード女子代表となった鬼塚雅《おにつかみやび》選手は、雪とは縁が薄い熊本県の出身。5歳の時「面白そう」と軽い気持ちで出かけたイベントでスノーボードと出会い、それをきっかけに福岡県の室内練習場へ通い夢中になったといいます。そこでご両親は、当時スノーボードの世界大会が開かれ聖地だった「アルツ磐梯《ばんだい》スキー場（現・星野リゾート アルツ磐梯）」への家族旅行を計画。キッズ向けのスノーボードキャンプに参加し、その流れで公式戦のインディーパークジャムへ出場すると、公式戦初出場ながら2位に輝きます。ただ、鬼塚選手自身は「優勝できずに悔しい」と、自宅に戻ってからさらに練習に熱が入ったそう。

努力が実り翌年には見事リベンジを果たして優勝。同時に世界レベルの選手の滑りに感動し、同世代のよきライバルからも刺激を受け「プロのスノーボーダーになる」と決意をしたといいます。

もちろん、誰もがプロやオリンピック選手になれるわけではありません。ただ、子どもの志向があっても、どんなに優れた才能や能力があったとしても、経験をしなければ（出会わなければ）開花しないのは確かです。日常とは違う環境の**旅先では、子どもがオンリーワンの才能を発見し、「好き」に出会うチャンスがあります**。子どもにとって唯一無二の出会いを探し、見つけた興味・関心を深める環境を整えることは、親だからこそできることだと思います。

Tips 23

可愛い子には旅を。子どもひとり旅にも挑戦

家族旅行で親子それぞれに過ごす時間に手ごたえを感じたら、長期休暇に子どもだけで帰省をする、あるいは子ども向けのキャンプに参加をするのもいいでしょう。

航空会社の中には、6～7歳を対象にひとりで飛行機を利用するお子さまをサポートするサービスを用意しているところもあります（無料・参考：ＪＡＬ149ジ）。機内はもちろん、空港でも出迎えの大人へしっかりと送り届けてくれるので安心です。そして子どもにとってはひとりで飛行機に乗って出かけた経験は大きな自信になります。

共働き世帯の増加もあり、「ひとりで自宅に置いておくのが心配」「仕事は休めないけれどたくさんの経験をさせたい」という親御さんのニーズが高まり、**長期休暇を利用した小学生向けのキャンプも増えています**。キャンプといってもテントに泊まり自炊して過ごす本格的なものから、ホテルや旅館に滞在し里山の自然と触れあうものま

でさまざま。冬にはスキー、時代を反映して、英語やプログラミングをテーマにしたものもあります。

親が精通していないと、アウトドアなどの自然体験は難しいですが、キャンプでは専門家が安全に配慮しながら、困難や緊張感のある状況にあえて置くこともあるといいます。困難や迷いと戦い克服したときの**「できた」という自信は格別な成功体験となり、帰ってから見違えるようにたくましくなった**等の声もよく聞きます。

インドア派でゲームが好きな子どもならプログラミングキャンプへ参加をしてみるのも手です。興味の対象がどのようにつくられ、動いているかを知ることで、ゲームへの接し方なども変わるかもしれませんし、ゲームを創造することへ興味が湧くかもしれません。

こういったキャンプは、**知識が身につくだけではなく、同じ世代の仲間が集まり、共通の趣味をテーマに交流ができることもメリット**です。知らない人の中で、自由にふるまうことで、本当の自分らしさに気がつくことも多くあります。お子さんと相談しながら、家族旅行の次のステップとして考えてみるといいでしょう。

Tips 24

旅では変化を乗り越えるタフさが身につく

最近はインターネットでいつでもどこでも情報を得ることができるようになり、トラブルや失敗に遭うことも少なくなっていると感じませんか？　そのこと自体は悪いことではありません。でも人生には想定外のことが往々にしてあります。

技術革新のスピードが速く、モノの価値や常識もくつがえるほど変化の激しい時代を迎え、子どもの多くが、いま存在しない職業につくともいわれています。そんな中では、**臨機応変な対応力や、変化を好機ととらえ自ら世界を切り開くタフな力も身につけたいもの。**旅ではどんなに用意周到に準備していても、トラブルやアクシデントが避けられないときもあり、そこから学ぶことも多くあります。

私たち家族も前述の「九州・観光列車の旅」では途中で集中豪雨にあい、列車の運行が取りやめになりました。もともと羽田空港から鹿児島空港に向かい、熊本県の天草まで列車を乗りつぎ1日で移動する強行軍。なんとかせねばと手分けして情報を収集していると、息子が地元の人から高速バスの存在を教えてもらい、豪雨の中バス停へ走り、予定通り天草に到着できました。わが家の「旅のトラブル」で一番のトピックであり、息子の活躍で乗り越えられた大きな成功体験になっています。

ほかにも、福岡から韓国へ向かうはずのクルーズ客船が台風の影響で、一晩あけて目覚めたら長崎だったことも。飛行機や列車が遅延するなど、天候による交通機関のトラブルはあげればキリがありません。

また、旅先で家族が体調を崩すこともあります。小学生の息子と2人で旅へ出て私が体調を崩したときには、幼いながらも「僕がしっかりしないと」と息子は考えたといいます。

トラブルが起こったことを嘆くのではなく、状況を把握して限られた中で最善の策を講じ、家族で力をあわせて乗り越える。そんな体験が**「みんなでがんばって乗り越えた」プラスの記憶として子どもに残り、将来壁にぶつかったときにも力を発揮**します。アクシデントも強い気持ちで乗り超えれば、タフな力へとつながります。

Tips 25

旅の経験は中学受験にどう役立つか？

旅育は受験のためにするものではありません。ただ子どもが個々に違うのを差し引いても、旅の経験が学問の理解を深め、受験の助けになったと感じることはあります。親御さんの関心も高いので、ひとつの事例として紹介をしておきます。

わが家は息子の希望で中学受験をしましたが、小学校5年生までは、旅やおでかけをベースに学び、塾へは通わず、やっていたのは幼少期からの通信教育だけでした。「旅育からの中学受験」と呼んでいるのですが、小学校6年生からは週末に1日だけ塾へ通い、平日は自宅でオンライン学習というスタイル。ゴールデンウィークや夏休みなど長期休暇は旅行へ、それ以外も息抜きにと近場へ旅をしながら、受験に臨み、志望校に入学できました。

旅育からの中学受験をしてみて、**旅が学習に一番役立ったと感じる教科は社会**です。特に歴史や地理は経験がダイレクトに学習へ結びつきます。歴史についてはTips19で紹介しましたが、地理についても、旅をする中で地図に多く触れていたこと、地域の産業・特産品・気候などの学習では、旅先の料理や買ったおみやげ、旅のシーン（その土地ならではの景色や、季節ごとの服装、体験など）を思い出すことが息子は多かったようです。

たとえば新潟へ訪れた際に縦に並んだ信号を見つけ「雪が信号機に積もったとき、横より縦のほうが重くならないでしょう？　落下しないように工夫しているんだよ」と家族で話したことがありました。こういった何気ないシーンも「新潟は日本一の豪雪地帯」と習うと、ぴったりと結びつくのです。

公民の分野では、国会議事堂の見学に訪れて帰宅すると、たまたま政治の大きな動きがありニュースになっていました。自分が訪れたすぐ隣でこんな重大なことが起こっていた……遠い政治の世界を、少し近くに感じた出来事でした。

理科も旅との親和性は高いと感じます。自然と触れあう体験を積極的に持ち、晴れた夜には星空観察をしていました。博物館や科学館に訪れることも多く、知識と経験を結びつけて自分で確認できたことが、学習面でも役立ちました。

国語の漢字についてでは、Ｔｉｐｓ17でもお話した通り、読みは旅を通じて自然と身につきました。旅育メソッドでは、子どもが**自らの言葉で表現する機会を大切にしていますが、これは表現力が磨かれテストの記述問題に役立ちます。**多くの人と交わりさまざまな考えに触れる経験は文章読解力などにも通じることでしょう。

そして算数ですが、実は息子は一番算数が得意です。これは夫が、実践的な場で楽しみながら数字を使ったゲームや計算などをして、コミュニケーションをしていたことが大きいと感じます（Ｔｉｐｓ18）。**算数の力を伸ばす秘訣は、旅に限らず数字を実践的な場で身近に感じること、**勉強が始まる小学校入学前に、数字に親しみ「面白い」と興味を持つことが大切だと感じます。

旅で心が鍛えられ、受験にもプラス

中学受験が近くなると、慣らしの意味から中学校を会場として模試が行なわれます。すると塾での成績はいいのに、緊張から実力が発揮できない子どもが多く出るといいます。鉛筆を走らせる音、机のがたつきなどが気になって試験に集中できないケースが意外と多いのだとか。

旅は受験のためではないといいつつ、あえて中学受験に役立ったことをひとつあげるなら、**環境順応性**だと強く感じます。**旅を通じて得た「変化を厭わない心」、旅先でトラブルを克服した経験による、「どんな場面も物怖じしないタフさ」は、一発勝負の入試では重要**ですし、変化の激しい時代にも求められることだと思います。

わが家は受験が迫る小学校6年生のときも長期のお休みは家族で旅をしました。学習に役立つテーマを設定し、親子のリフレッシュを兼ねた旅です。受験勉強のために旅行を控える家庭も多いと思いますが、働きづめが必ずしもいい仕事につながらないのと同じで、知識の定着には、適度に休ませる息抜きも大事です。

学びを兼ねた旅行の楽しい思い出は、その後の受験勉強を乗り切る支えとなり、受験でもプラスになります。お子さんが興味を持ったもの、時事問題に関連のある場所など**旅のテーマを受験と絡めて検討**してみてはいかがでしょう?

中学生になると子どもは外の世界とのつながりが強くなり、親子関係は次のステージへと移ります。小学校高学年は親が主導の「家族旅行」ができる最後の時間。ぜひ大切にし、その後の親子関係を円滑にすすめる絆を育んでほしいと思います。

家族でつくろう！

旅育プランシート

・期間 ＿＿ 泊 ＿＿ 日
（＿＿＿年＿月＿日〜＿月＿日）
・予算 ＿＿＿＿＿ 円
（1人あたり ＿＿＿＿ 円）

Step 1 何を？（旅のテーマを決めよう）

何をしたいかを家族で話しあい、テーマを決めよう

⇨ 旅のテーマは ＿＿＿＿＿＿＿＿

Step 2 どこに？

条件を踏まえて、家族みんなでアイデアを持ち寄り、考えよう

⇨ 今回の旅行先は ＿＿＿＿＿＿＿＿

交通機関は ＿＿＿＿＿＿（移動時間は ＿＿ 時間）

Step 3 計画を立てよう

それぞれやりたいことを書き出して整理しよう。分かれて過ごすことも考えるとバリエーションが広がります。

旅でやりたいことは？

父子でやりたいことは？

家族みんなでやりたいことは？

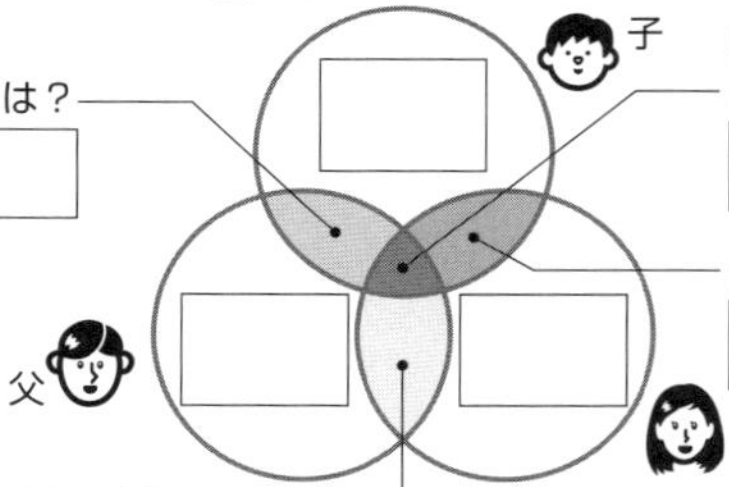

母子でやりたいことは？

夫婦でやりたいことは？

※個人でやりたいこと、家族でやりたいことを書き出し実現法方を考えましょう

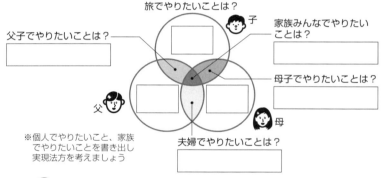

Step 4 目標を決めよう

お子さんはもちろん、家族みんなの「旅の目標」を立てよう

お子さん ＿＿＿＿＿＿＿＿

お父さん ＿＿＿＿＿＿＿＿

お母さん ＿＿＿＿＿＿＿＿

Step 5 旅の思い出をかたちにしよう

旅行の思い出はいつ、どう残す？ ＿＿＿＿＿＿＿＿

そのための準備は？ ＿＿＿＿＿＿＿＿

第4章

企業も応援!
旅育＆家族旅行に役立つサービス

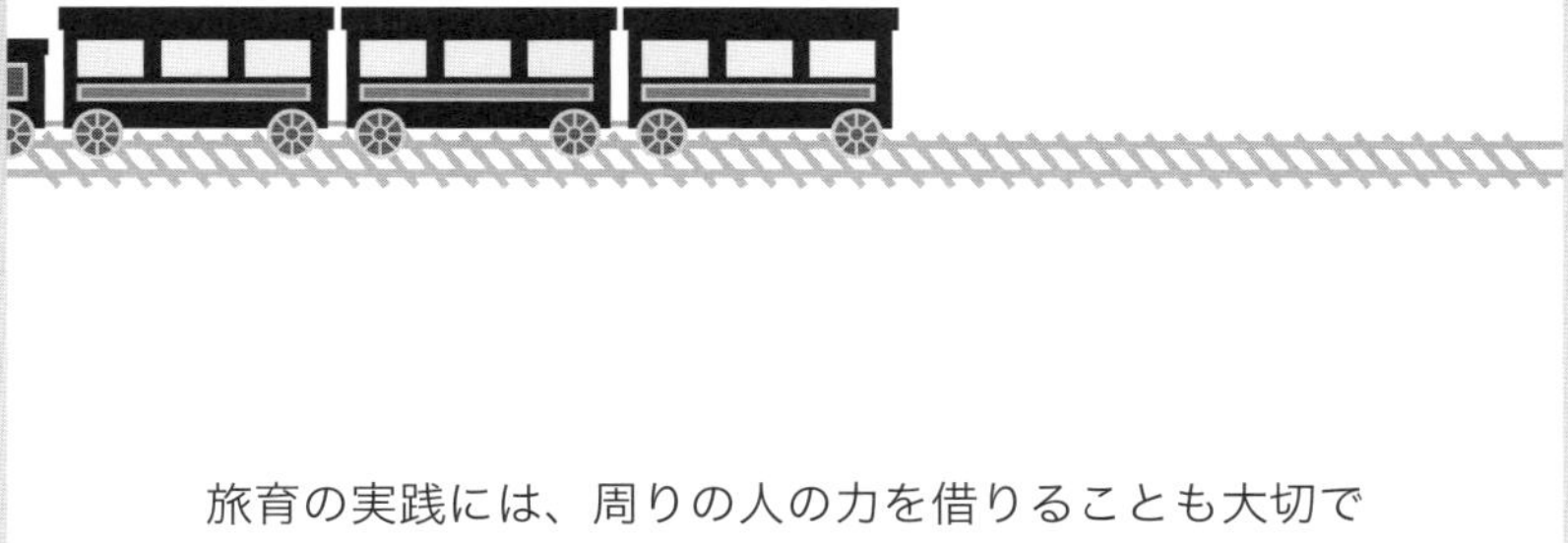

旅育の実践には、周りの人の力を借りることも大切です。また、子ども連れで旅をすることに、不安や心配を持っている方も多いようです。
本章では、宿、鉄道、飛行機、車の各分野で、旅育が実践しやすく、家族に優しい旅行サービスを取材、その成り立ちも含めてリポートしています。上手に活用して旅を楽しみましょう。

家族旅行応援repo!

自然の営みを知れば好奇心の扉が開く
森のいきもの案内人「ピッキオ」

星野リゾート

自然体験ツアーを実施する「ピッキオ」のビジターセンターがあるのは、軽井沢野鳥の森に隣接する池のほとり。鳥の声がひびきわたり、美しい木立に囲まれたセンターには、自然に関する書籍が置かれカフェも併設。冬には凍った池でスケートも楽しめるなど、身を置くだけで自然の力で心が元気になるのを感じます。

ピッキオでは軽井沢を舞台に、子どもから大人まで森の生き物の不思議に出会うネイチャーツアーを実施。

森の中を専門家とまわる**「野鳥の森ネイチャーウォッチング」**、日の入りとともに活動を開始するムササビを観察する**「空飛ぶムササビウォッチング」**など、季節ごとにオリジナルのプログラムがそろいます。

案内してくれたピッキオの山崎誠さん（こども冒険クラブの「5つの約束」を説明）

「軽井沢は、知床などと違い、特別な生態系があるわけではありません。日本中にある普通の森の中にも、たくさんの生き物たちの営みがあり、ドラマや四季折々のストーリーがあります。わかりやすく伝えることで、自然を大切に愛おしく思う気持ちを引き出し環境保全にも関心を持っていただければ」とピッキオの山崎さんはいいます。

自然豊かな軽井沢は、人とツキノワグマの生息が交わる地。ピッキオでは「人の安全を守り、熊を保護管理する」活動にも取り組み、軽井沢町から委託を受けて、人が住む地域にクマがこないようにベアドッグによる追い払いや、ベアドッグの繁殖・育成も担います。ビジターセンターでは、活動内容に関する展示もあり、スタッフに話を聞けば、自然と人との共存など理解も深まります。

こども冒険クラブで、サバイバル体験を

首都圏在住の家族連れが多く訪れることもあり、3～6歳までのお子さま連れ、小学生の親子向けのツアーも開催。インターネットや図鑑などで生きものの知識はあっても、実際に捕まえる、触るというのを、この地ではじめて体験するお子さんが多いといいます。

またピッキオでは20年以上前から、別荘に滞在するお子さんを中心とした、**子どもだけで過ごすツアー**を実施。昨今は「ピッキオ　こども冒険クラブ」として、日帰りツアーや長期休暇のキャンプも開催し広く参加を募っています。

「こども冒険クラブのテーマは**サバイバル**です。何かしようと思えばなんでもそろう便利な時代。あえて**制限がある中で知恵を絞って工夫し、自然の中にある便利なものに目を向け、自然と親しみながら学ぶことを重視**しています」

サバイバルの世界観に入り込み、冒険気分を盛り上げるエンターテインメント性も工夫し、プログラムの冒頭では「人の話はよく聞こう」「道具は大切にあつかう」など5つの約束をしてか

ら出発。「ナイフを利用するので正しく行動しないと危険なこともある」など、**理由や背景も丁寧に説明する**といいます。

サバイバルグッズを渡されると、子どもたちは冒険気分で森の秘密基地へと消えていきます。

あるツアーでは、タープやテントを張るときに必要なロープワークを学び、森から拾ってきた木々はナイフで削り、着火しやすいフェザースティックにします。それを用いて火を起こして、飯盒で炊いていただくご飯の味は格別！　**はじめて出会った仲間との共同作業は、新たな人間関係を築く練習にもなります。**

「最初の約束を守り危険がなければ、子どもたちの意思を尊重し見守ります。大自然の中で、普段は押さえている欲求を開放するお子さんが多く、目を輝かせて積極的にチャレンジする様子が印象的です」と山崎さん。たくましくなった我が子の姿に驚く親御さんも多いそう。

親の目が行き届く日常は、ある意味ちょっと窮屈な世界。そこから離れ自然の中で素の自分に戻り、気持ちがリフレッシュし、新たな興味を発見することもあるでしょう。

自然と触れあい好奇心の扉を開く、ピッキオはそんな手助けをしてくれる頼れる森の案内人だと感じます。

■ピッキオ
https://picchio.co.jp/

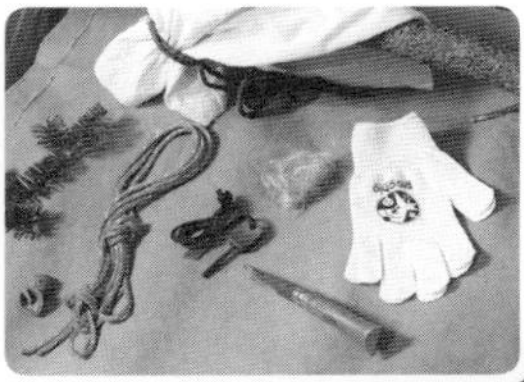

ピッキオのこども冒険クラブではサバイバルグッズ（写真上）を手に秘密基地で過ごす

家族旅行応援repo!

親子で日本文化に親しみ学ぶ

地域の魅力を体感する温泉旅館ブランド「界」

星野リゾート

世界的に見ても量・質ともに優れた温泉がある日本。

自然の恩恵を求め人が集まり湯治の文化が生まれ、温泉地には多くの宿が建てられました。

和の趣ある空間で浴衣に着替え、四季折々の旬の食材が美しい会席料理を頂き温泉に入れば、ほっと気持ちがほぐれ日本人のＤＮＡを感じます。

「王道なのに、あたらしい。」がコンセプトの、**星野リゾートの温泉旅館ブランド「界」**は、温泉旅館の魅力はそのままに、快適な客室とホスピタリティを約束するあたらしいタイプの温泉旅館。

客室は和モダンを基調としたデザインに、機能的で快適に過ごせる工夫が施され、アメニティはオリジナルの風呂敷に入っています。

伝統工芸とモダンが融合した「ご当地部屋」

地域色豊かな体験も

全国にある界では、それぞれの地域を体感する「**ご当地楽（ごとうちがく）**」という宿泊者向けの無料のプログラムを開催。

ご当地楽を親子で楽しむ（界 川治の田舎体験）

たとえば信州にある**界 アルプス**では、囲炉裏を囲んで、信州に伝わる郷土食の「おやき」や「燗酒」がふるまわれ、栃木県の**界 川治**では、石臼で大豆を挽いて行う「きな粉作り」や「紙漉き」などの田舎体験ができます。親御さんも経験がない方が多く、**親子ではじめての体験は思い出に深く刻まれます。**

界 加賀の加賀獅子舞のように鑑賞型のプログラムを実施する施設もあり、滞在を通して地域の伝統や文化に触れられます。

温泉への取り組みもユニークで、日本古来の湯治に注目。ライフスタイルにあわせて**1泊2日の短い滞在で心身を整える「うるはし現代湯治」**を提唱し、温泉を知り、温泉の恵みをしっかりと享受できる入浴法をすすめています。

旅館といえば食事も楽しみのひとつです。「界」では、その土地の旬のものを取り入れた会席料理を提供していますが、特筆すべきは子どもの料理。6歳以下の未就学児の子ども向けに、和食の楽しさやよさを伝える**お子様向け和食膳**を用意。見た目にも美しく、昆布やカツオからとった本格的な出汁をベースに、伝統的な食材「まごわやさしい（豆・ゴマ・わかめ（海草）・野菜・魚・椎茸（茸）・芋）」が用いられ、味も栄養バランスにも配慮。

ひょうたんの形の三段のお重は山中漆器、陶器は九谷焼と、子どもが本物の伝統工芸と親しめるように器にもこだわっています。

九谷焼の明るい色使いの絵柄は、動物にも果物にも見え、子どもの想像力をかきたてます。全部食べると器の底から絵柄が出てくる粋な演出も、子どもの心をつかみ、残さず食べることへとつながります。


子ども連れだと、畳に障子という和室や時間のかかる食事など、旅館は敷居が高いと敬遠する方もいるでしょう。一方で日本文化が凝縮された温泉旅館は、**滞在そのものが旅育になります。**「和食」はユネスコの世界無形遺産に登録され、世界的にも注目されています。

グローバル化が進み世界の人と交流するようになれば、**日本の伝統、文化を理解しておくことは、必要不可欠**となります。界では日本の文化でもある温泉旅館に泊まって良さを感じてほしいという思いから、20代を中心とした若い世代を応援する取り組みも行なっています。

日常で和文化と触れる機会が少ない時代だからこそ、温泉旅館に親子で滞在し、日本らしさを感じ、学ぶことは、貴重な旅育の機会になります。

■星野リゾート「界」
https://www.hoshinoresorts.com/brand/kai/

界の「お子様向け和食膳」。6歳以下の未就学のお子様向け

家族旅行
応援
repo!

豊富なアクティビティが魅力のリゾート「リゾナーレ」

親だって旅を楽しみたい!

星野リゾート

家族サービスという言葉で語られることも多かった家族旅行を、親も休息して楽しむスタイルへ変わる流れをつくったのが、星野リゾートの**リゾナーレ**です。

2001年にリゾナーレ八ヶ岳(山梨県)を開業。2023年5月現在、北海道、静岡県、栃木県、沖縄県、大阪府の全国6カ所、海外は米国グアムで運営をしています。

リゾナーレでファミリーの受け入れをするにあたり、代表の星野佳路さんは、「家族旅行で親は本当に楽しめているのか?」そして「旅行中に大人と子どもがずっと一緒に過ごす必要はあるのだろうか?」という2つの投げかけをスタッフにしたと言います。

アンケートから、家族旅行は実は大変で、疲れて帰る親御さんが多いという結果が出ていたこと、軽井沢にあるピッキオ(128ページ)で、子ども達が親と離れてのびのびと楽しむ様子を見ていて、以前から感じていたそうです。

「家族旅行は親子一緒が当たり前」という固定概念から開放されると、スタッフからは新しいアイデアがあふれました。

オープン後も星野リゾートが全社的に取り組む「魅力発掘会議」を通じて、サービスは年々ブラッシュアップ。家族連れから絶大な支持を集める人気リゾートブランドに成長しています。

記憶に残る家族に優しいおもてなし

リゾナーレの魅力は、家族に優しいサービスが充実しており、**親子一緒に、あるいは子どもだけ参加できる豊富なアクティビティがある**こと。そして**大人がゆっくりとくつろげる上質でおしゃれな非日常のリゾート**であること。

たとえばリゾナーレトマムから始まった**ままらくだ委員会**は、未就学の子ども連れが、ストレスフリーで滞在できるサポートを開発。機能的で可愛らしいデザインの客室、年齢に応じた貸出しグッズ、離乳食は月齢に応じたものを無料で提供するなど、子育てをがんばっている親御さんに寄り添うサービスを積極的に展開。全国のリゾナーレへ取り組みは広がっています。

ほかにも**アクティビティGAO**は、その土地の自然を生かした屋外アクティビティやクラフ

リゾナーレ八ヶ岳
ピーマン通り

アクティビティGAO
は子どもが夢中にな
る体験が満載

ニポのスキー・ス
ノーボード学校は
３歳から
(リゾナーレトマム)

ト体験などが豊富で、親子の思い出作りをサポートします。

たとえば、**リゾナーレ八ヶ岳**のＧＡＯは、畑で自ら収穫した野菜をアウトドアキッチンで調理して食べる「おひさまキッチン」を開催。**リゾナーレ熱海**には高さ６・５ｍのクライミングウォールがあり、子どもの挑戦心を刺激し、登りきることで達成感を味わえます（162ページ）。

２０２２年には、クイズを楽しみながら旅先を知り、学びを深められる「子ども向けのホームページ」を開設。旅の計画から子どもの自主性やワクワク感を育む「旅育」に力を入れています。

乳幼児向けには、短時間から利用でき、価格もリーズナブルな託児サービスを完備。冬場はスキー教室や雪遊びと託児を組みあわせたプログラムを提供するなど、**親御さんが大人の時間を持ち、リフレッシュできる環境が整います**。子どもははじめての体験に目を輝かせ、その間に夫婦でゆっくり食事やお酒、あるいはスキーやリラクゼーションなどを楽しむのもたまにはいいものです。

子どもと一緒に過ごし絆を育む時間と、親子がそれぞれで楽しむ時間。この２つをバランスよく持つことは、日常を元気に過ごすためにも大切なこと。そんな理想的な時間を過ごせるリゾナーレは、多くの家族連れの忘れられない思い出の地になっています。

■星野リゾート　リゾナーレ

https://www.hoshinoresorts.com/brand/risonare/

家族旅行応援repo!

お子さま連れ専用車両

家族に寄り添い、気兼ねなく過ごせる

JR東海

子ども連れの移動は周りに気を遣い、疲れることも多いもの。新幹線に乗車してスーツ姿の方が多いと、子どもが騒いだり泣いたりしないかと、一気に緊張感が高まります。緊張から開放されゆったりと移動ができればいいのに……。

そんな親御さんの思いを形にしたサービスが、JR東海ツアーズが2010年に発売した東海道新幹線の子ども連れ専用車両**「ファミリー車両で行こう!」**です。

2023年現在は**「お子さま連れ専用車両」**として時代にあわせて進化したサービスを提供しています。

新幹線の一車両がまるごと子ども連れ専用で、泣いたり多少の騒いだりはお互いさま。小さな子どもと一緒に、安心して移動ができます。

対象は乳幼児を含む小学生以下のお子さま連れで、座席を利用しない6歳未満の乳幼児は無料です。

費用に対する快適さは高くリピーターも多いといいます。

運行は、ゴールデンウィーク、夏休み、年末年始などの繁忙期。

発売以来人気が高く、特にお母さんが1人で子どもを連れて帰省するケースなどでは、周りが子連れだと気兼ねなく安心して過ごせるとい

前身のサービス「ファミリー車両で行こう！」

った声が多いとか。

前身のサービス**「ファミリー車両で行こう！」は、ＪＲ東海の若手社員が中心になって立ち上げたプロジェクト**で、車掌経験者の「デッキに立ちっぱなしで赤ちゃんをあやすお母さんの姿を多く見かけた」という声から検討を始め、誕生したといいます。以来10年以上の長期にわたり、サービス内容も時代のニーズに合わせて変化しながら、たくさんの親子が利用するサービスとなっています。

さまざまな世代が子育て世代に寄り添ってくれていると感じて、嬉しく思います。

■お子さま連れ専用車両

https://recommend.jr-central.co.jp/oyakotabi/fs/

※詳細な情報はこちらからご確認ください。

家族旅行応援repo!

専門家から親子一緒に歴史を学ぶ
特別体験ツアー「親子で行く修学旅行」

JR東海

「世界に誇る文化や歴史遺産を多くの方に知ってほしい」というJR東海の思いと「歴史教育に積極的に取り組みたい」という国の施策が合致し、京都および奈良を舞台に始まったツアーが**「親子で行く修学旅行」**。

本物志向の特別な体験が多く、旅育として魅力があるのはもちろん、文化庁の助成を受け、地域活性という目的を担うのも興味深いところです。

ツアーの内容は、たとえばある年の奈良コースは、世界遺産の薬師寺を参拝し、特別授業として写経や奈良筆の製作を体験。

夜には遣唐使の無事を祈祷した海龍王寺を貸し切り、奈良時代から続くスタイルで祈祷を実施しました。

京都コースは、「戦国三大武将ゆかりの地と日本文化を学ぶ」をテーマに、織田信長最期の地として知られる本能寺や、豊臣秀吉を弔うために建立された高台寺など、徳川家康を含めた三大武将ゆかりの地を、専門家や僧侶の案内でまわりました（毎回内容は異なります）。

ほかにも、**神社ではお参りの作法を、老舗料亭では和食のマナーを学ぶ**など、バラエティに富んだ体験が1泊2日のツアーに凝縮。

1回の定員は80名までとして、現地の方との交流や生の声に触れる機会を大切にしています。

参加者は小学校高学年が中心で、歴史好きの子どもはもちろんのこと、最初は関心が薄そうな子どもも、旅する中で興味を持ち始めることが多いといいます。引率は、意外とお母さんが多いそうです。

一般的にお父さんに比べ、お母さんは歴史にくわしくない方も多く、専門家から一緒に学べるツアーは、旅育のツールとしても重宝します。

また中学生でも子ども料金のため、お財布に優しいのも嬉しいポイントです。

思春期は親子関係も微妙となり、家族旅行をしないという声も聞かれます。

ほかの親子と一緒であることが潤滑油になる、あるいは「歴史」というテーマで旅することにより、日常とは違う時間を過ごせ、親子の絆が深まるきっかけとなることもあるでしょう。

※掲載事項は2018年6月現在のものです（提供有無を含む最新情報はHP等でご確認ください）

家族旅行応援repo！

時速500キロの世界をリポート

超電導リニア体験乗車&どきどきリニア館

日本が世界に誇る最先端技術「超電導リニア（以下リニア）」の技術を体感できるのが、山梨県都留市付近にある「山梨リニア実験線」です。全長42・8キロメートルの実験線では、営業運転に向けた走行試験が行なわれ、**年に数回「超電導リニア体験乗車」も開催**。

ＪＲ東海リニア開発本部・滝沢優介さんによると「山梨実験センターで働く社員にとっても、お客様と触れあえる数少ない機会で一大イベント」だといいます。

体験乗車の前には山梨実験センターに隣接する**山梨県立「どきどきリニア館」**の屋外テラスから、走行を見学しておくのがおすすめ。「リニアだ！」と思ったら、あっという間に通りすぎる時速５００キロのスピードを、子ども自身の目で確認することで、体験乗車へのワクワク感もさらに高まります。

体験乗車にはファミリーの姿も多く「列車好きの子どもに見せたくて申し込んだ」「親も楽しみにしている」などの声も。冊子やペーパークラフトなどの記念品が配られ、子ども達も目を輝かせます。

リニアの歩んだ歴史に関するビデオを鑑賞し、体験乗車中の注意点や行程の説明を受けたらいよいよ乗車です。山梨リニア実験線は１９９７年４月に走行試験を開始。品川―名古屋間開業時には設備を更新したうえで、営業線の一部として使用されることになっているそうです。

車内は通路を挟んで両側に2席ずつ座席が並び、窓はやや小さめですが、東海道新幹線と雰囲気がよく似ています。座席はリクライニングや向かいあわせることもでき、座り心地もなかなか。時速５００キロというと、テーマパークのように乗車には年齢制限があるのではと思うかもしれませんが、**新幹線同様に赤ちゃんから乗ることができ、車いす用のスペースも確保**。ちょっと驚いたことにシートベルトはありません。

「ジェットコースターのような乗り物をイメージされるかもしれませんが、新幹線や在来線同様、どなたでも安心してご乗車いただけます。体験乗車中、お父様やお母様の膝の上で眠ってしまうお子様もいるほどです」（前出の滝沢さん）

期待感が高まる中、いよいよ出発！　超電導リニアは発進と停車の際は車輪走行で、時速１５０キロ程度で約10センチの浮上走行へと切り替わります。トンネルが多いですが、**車内に設置されたモニター画面には、車両前方から見た映像が流れ、速度もリアルタイムで表示**されます。時速１５０キロを超えるあたりで「浮上走行にうつります」というアナウンスが流れ、**滑らかに浮上走行へ切り替わる瞬間を体感**できます。はじめての浮上走行の感想は、静かで揺れもなく「本当に走っているの？」という不思議な感じ。時速５００キロに到達すると車内では歓声が起こりモニター画面を記念撮影する人の姿も。カーブでは遠心力をわずかに感じたものの、勾配を含めて走行は全体を通じて滑らかでスムーズ。体験乗車では実験線を約１００キロ走行し30分ほどで終了します。

降車すると、超電導リニアの先頭車両が間近な絶好の記念撮影スポット。「楽しかった」「新幹線と同じだった」と子どもたちは感想を胸に後にしていました。

体験乗車後は、「どきどきリニア館」へ再入場し、体験乗車を振り返りながら超電導リニアの仕組みや歴史など知識を深めてみては？　ぐっと学びや気づきも多くなり、記憶に深く刻まれます。

品川―名古屋間が最速40分、大阪までが約1時間で結ばれることに関連し、「社会はどう変わると思う？」「生活はどうなるのかな？」と問いを投げかければ、**子どもたちは自分が生きる未来を想像し、考える力も鍛えられる**でしょう。いつの日か、親子で訪れたことを懐かしく思う日もきっと訪れるに違いありません。

（巻頭カラー24ページでも紹介）

◎ 山梨リニア実験線（山梨県都留市）

体験乗車は年に数回WEBで募集。１区画（２座席）単位で２区画（４座席）まで応募可能（抽選制）。１区画4400円。７歳未満の幼児で座席を使用しない場合は１区画当たり２名まで同伴可能。車いすでの応募も可。

詳細＆申込み受付

ＪＲ東海「超電導リニア体験乗車ホームページ（Superconducting Maglev）」
https://linear.jr-central.co.jp/

◎ 山梨県立リニア見学センター「どきどきリニア館」（山梨県都留市）

山梨リニア実験線に隣接した博物館型見学施設。時速500キロの走行試験を見学可能な唯一の施設で、超電導リニアの技術や歴史を学べる。試験車両の実物展示や磁力を使った浮上、走行を体感できるミニリニアなど、小さなお子様も楽しめる。走行試験のスケジュールを確認してでかけたい。

入館料：大人420円・高校生310円　・小・中学生200円　未就学　無料
ＨＰ　https://www.linear-museum.pref.yamanashi.jp/index.html

Column

未来の世界を感じる
～超電導リニアを体験できるWEBサイト

リニアモーターカーの実験が始まったのは、1962年（昭和37年）。東海道新幹線が開業する２年前のことです。その長い歴史からは、社会、産業、技術などの変化や進歩など、さまざまな学びが得られます。超電導リニアについて親子で知って、未来を想像する機会にしてみてはいかが？

■ ＪＲ東海「リニア中央新幹線サイト」

超電導リニアの仕組み、リニア中央新幹線の意義や目的、駅の場所やルート、工事計画など、あらゆる視点から知り、学べるＪＲ東海のＷＥＢサイト。同社ＨＰから閲覧でき、ＣＧや動画などをふんだんに活用。リニア中央新幹線がもたらそうとしている日本の未来や山梨リニア実験線の３Ｄ映像など、親子で楽しめる内容になっています。山梨リニア実験線で体験乗車をした家族へのインタビューも公開され、わくわく感や驚きの声が興味深い。

ＵＲＬ　https://linear-chuo-shinkansen.jr-central.co.jp
（PC、スマートフォン版あり）

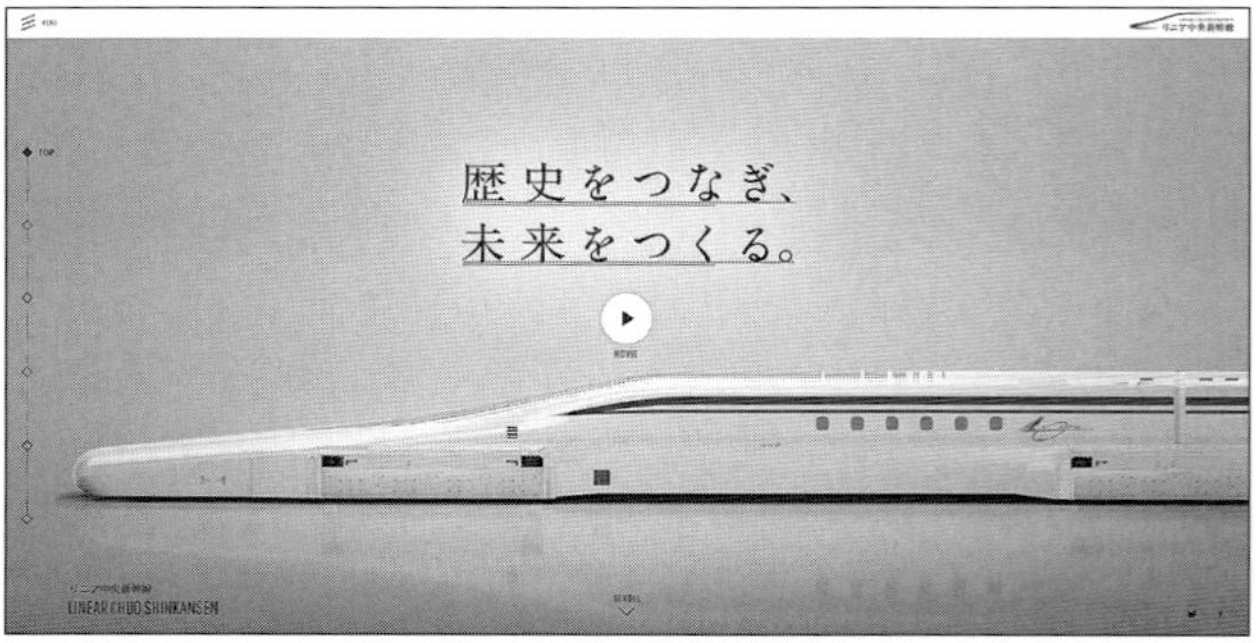

家族旅行応援repo!

体感型で学べて子どものキャリア教育にも
JAL工場見学 SKY MUSEUM

JAL

企業の社会貢献活動には、旅育につながるものが多くありますが、そのひとつであるJALの工場見学は、1950年代半ばからと歴史があります。2013年には「JAL工場見学 SKY MUSEUM」としてリニューアル。**体感型で空の仕事が学べるプログラムは、子どものキャリア教育にも役立ちます**。

プログラムは、航空教室、展示見学、格納庫見学の順に行なわれ、所要時間は約2時間。航空教室は、元客室乗務員などOB・OGがナビゲーターを勤め、たとえば元パイロットなら、飛行機の構造や運航について子どもにもわかりやすく説明をしてくれます。「燃料は翼の中に入っている」と聴き、顔を見合わせびっくりする親子の姿も多く見られます。

展示見学で体験したいのが、5つの仕事を体感型で学べるブース。それぞれの仕事に必要な7つ道具が展示され、飛行機を所定の位置まで誘導するマーシャラーや、空港スタッフが行なうチェックイン操作など、**仕事の疑似体験**ができます。客室乗務員、パイロット、整備士などは**制服を着用して記念撮影**もでき、憧れの仕事に触れることで、子どもたちはちょっと誇らしげです。

最後は格納庫の見学へ。ここは整備士が飛行機のメンテナンスを行なっているホンモノの仕

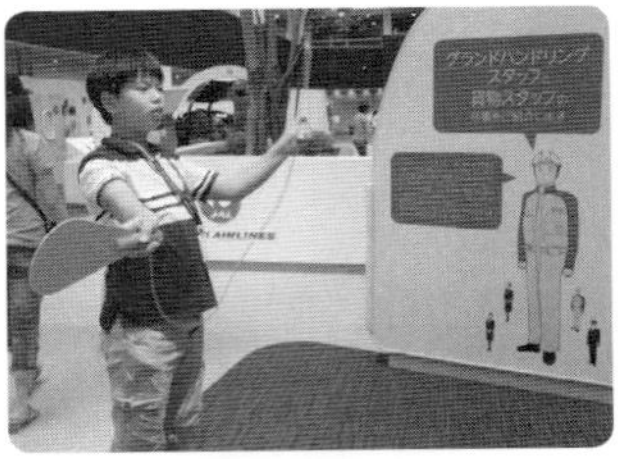

マーシャラー体験。飛行機を飛ばすためにはたくさんの人の力が必要

制服を着用して記念撮影

飛行機を真近で見る貴重な機会に大人も大興奮

事場。飛行機を間近に見て、実際の整備の様子を見学できる貴重な機会。格納庫の前は滑走路になっていて、すごい音で飛行機が離発着する様子は迫力満点で、忘れられない思い出になりそうです。見学して、実際に旅で飛行機へ乗ると、空港、機内の景色やサービスも、それまでとは違った広がりをもち、子どもの目に映ります。翼をみて燃料が入っているのを思い出し、空港でマーシャラーの方をみつけて手を振るのが楽しみになったりと、機内の出来事から発見も多くなります。

■ＪＡＬ工場見学　ＳＫＹ　ＭＵＳＥＵＭ
http://www.jal.co.jp/kengaku/

※掲載事項は２０１８年６月現在のものです。最新情報はＨＰ等でご確認ください（２０２１年にリニューアルを実施）

家族旅行応援repo!

子どもは目を輝かせ、親はリラックス

10品目除去「アレルギー対応ツアー in 沖縄」

JAL

食物アレルギーのために、旅行を諦めている方が多くいます。日本航空では、「アレルギーがあり、我が子が一度も飛行機に乗ったことがない」という社員の話をきっかけに、2010年より重度のアレルギーがある子どもを対象とした団体ツアーを実施。食物アレルギー対応について、宿泊施設へ理解と啓蒙を働きかけ、延長上で一般ツアーの企画を模索してきました。

それが形になったのが2017年にJALパックが発売を開始した「**10品目除去アレルギー対応食」の個人ツアー（沖縄）**。厨房はアレルギー専用ではありませんが、培ったノウハウを生かした取り組みを実施。食器などの洗浄はアルカリ洗剤を使用し、ほかの食材と混ざらないよう一番始めに調理。食材はもちろん調味料に至るまで原材料名をすべて把握し、**お客さま自身で参加の可否を判断できるように詳細情報を開示**しています。また、複数の人を介すことでの誤認・誤解を防ぐために申し込みはネットに限定。担当者が参加者のアレルギー症状の確認をし、必要に応じて関係機関と相談するなど安全への取組みにも工夫しているといいます。

夕食は和洋中の3種類、朝食は和洋2種類から選べて、10品目除去といえども、味も見た目もホテルのシェフのお墨つき。**おいしそうな料理を前に「どれでも食べていい」と聞き、目を**

輝かせるお子さんの姿が、関わるスタッフのモチベーションだといいます。

家族と一緒に同じ料理を食べられることは、アレルギーのあるお子さんにとっては特別で、忘れられない体験になるはず。日々大変な思いで食事を用意しているお母さんにとっても、束の間のリフレッシュとなり、ゆったりと過ごすことで家族の絆も深まります。

真摯に食物アレルギーに取り組む宿、旅行会社、地域も増えています。各社の取り組み状況を見極めて、諦めずに旅を検討する一歩を踏み出してみてはいかが？

※掲載事項は2018年6月現在のものです。提供有無を含む最新情報はHP等でご確認ください。

家族旅行応援repo!

JAL

子どもひとりで飛行機に挑戦

ひとり旅でも安心「キッズおでかけサポート」

航空会社によっては子どもがひとりで搭乗するためのサービスを用意しています。ＪＡＬの**「キッズおでかけサポート」は、６～７歳（希望により11歳まで）の子どもがひとりで搭乗する際のサービス**です。搭乗口まで親が付き添って見送りができ、機内では客室乗務員が座席の説明やトイレの声がけなど、きめ細かくサポートしてくれます。到着空港でも、降りてから出迎えの場所まで地上係員が付き添ってくれるので安心（無料。事前予約が必要）。８歳以上になるとサービスを利用しなくても搭乗ができますが、**チェックインの際に子どもだけで搭乗する旨を伝えると、機内で配慮**をしてくれます。空のひとり旅は、子どもの大きな自信になりそうです。

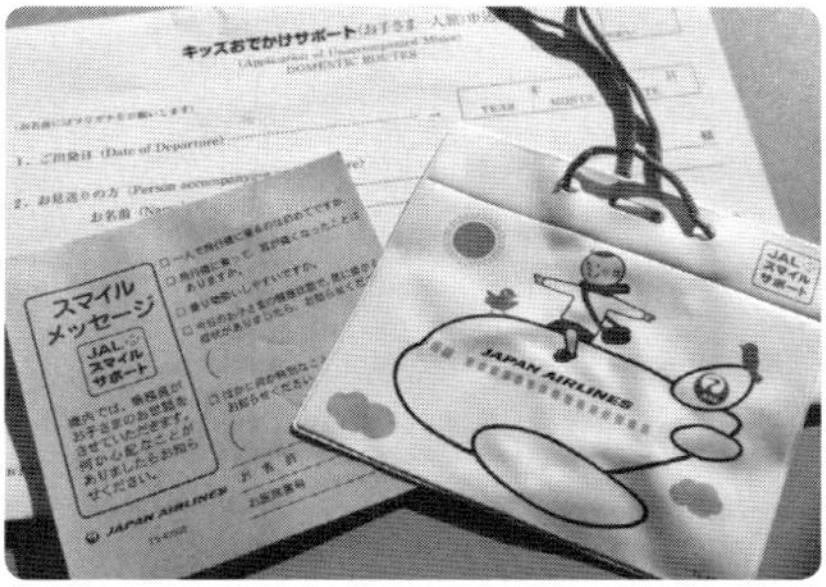

キッズおでかけサポートのストラップ＆手続き書類

■ＪＡＬスマイルサポート
http://www.jal.co.jp/dom/support/smilesupport/

家族旅行応援repo!

家族で旅する気持ちを応援

ハワイ行き「家族専用機ファミリージェット®」

JAL

温暖な気候で過ごしやすいとファミリーに人気のハワイ。南国の日射しや海……現地に着けば快適ですが、小さなお子さんと行きたい場合、問題となるのが長時間のフライトです。

　そんな親御さんの不安を解消しようと誕生したのがＪＡＬパックの**「家族専用機ファミリージェット®」。飛行機をチャーターした、小学生以下のお子さま連れ限定のハワイツアー**です。

　ツアーの飛行機では、座席の一部を授乳スペースとして開放し、子どもに慣れた客室乗務員が搭乗するため安心。

　機長のアナウンスも子ども向けの特別バージョンなのだとか。

　また、出発前には限定企画として、整備場やオペレーションセンターなど、空のお仕事見学ができるプランが用意されており、お子さまの一生の思い出に。

　２００８年の開始以来、毎年夏休みに実施しサービスも年々進化しています。

　ハワイではツアー限定の特別な体験もあり、家族で旅する気持ちを心強くサポートしてくれます。

※掲載事項は２０１８年６月現在のものです。提供有無を含む最新情報はＨＰ等でご確認ください。

家族旅行応援repo!

車で出かけるならチェックしたい

知って得する高速道路のサービス

NEXCO

高速道路のSA・PAには、**その土地ならではの図柄をデザインした記念スタンプ**が用意されています。はがきに押して送ったり、スタンプ帳に押せば旅の記念にもってこい。図柄から各地の名所や特産品を知ることもできます。

各NEXCOでは、専用のスタンプBOOKを販売。子どもと一緒にスタンプを集めて楽しみながら、記念品や認定証を目指すのもいいでしょう。

もうひとつ、車旅で知っておきたい施設が高速道路の**ハイウェイオアシス**です。**高速道路上に車を置いたまま、隣接する公園やスキー場な**

デザインもさまざまな記念スタンプは旅育にも役立つ

どの観光施設を利用できるもので、全国に23カ所あり（２０１８年5月現在）、その特徴もさまざまです。

神戸淡路鳴門自動車道の淡路ＳＡに直結する**淡路ハイウェイオアシス**は高台にあり、青い海に明石海峡大橋がかかる素晴らしい景色が広がります。

四季折々の花が美しい「花の谷」には20分ほどの散策コースが設けられ、ドライブ途中の散策にぴったり。淡路人形浄瑠璃など地域の文化を感じるイベントも開催されます。

隣接する兵庫県立淡路島公園は全長66ｍのローラーすべり台や芝生広場、アスレチックなどがあり、１日中遊ぶことができます。

上信越自動車道の**佐久平ハイウェイオアシスパラダ**はスキー場と直結した珍しいハイウェイオアシス。

スキーシーズン終了後も全長４２０ｍ、高低差73ｍのスーパースライダーなどで楽しめます。

さらに夏には、昆虫体験学習館で、昆虫採集や観察イベントも開催。

ほかにも天然温泉がある施設、休日や長期休暇には子ども向けのイベントを実施する施設もあります。高速道路の休憩スポットとしてはもちろん、旅の目的地としてもアクセスがよく、知っておくと便利です。

■**淡路ハイウェイオアシス**
awajishimahighwayoasis.com/

■**佐久平ハイウェイオアシスパラダ**
https://www.saku-parada.jp

第5章

ぜひ行きたい！
厳選　旅育スポット

実際に旅してわかった旅のテーマと旅育ポイントつき

実際に旅した中から、おすすめの旅育スポットを厳選して紹介します。旅のテーマ、旅育ポイントも参考にして、お子さんにあった旅育を実践してみてください。

＜「おすすめ度」と「価格」の見方＞

おすすめ度：年齢別、季節別で、おすすめの目安を★で示しています
幼（幼児）、低（小学校 低学年）、高（小学校 高学年）

宿泊料金：家族4名（※うち大人2名）で宿泊した場合の大人1名あたりの料金を目安に「¥」の数で表記しています（季節や条件により変動します）
¥：5000円以下、¥¥：5000～10000円、¥¥¥：10000～15000円
¥¥¥¥：15000～20000円、¥¥¥¥¥：20000円以上

※記載情報は2018年6月現在のものです。最新情報を確認しおでかけください

おすすめ旅育スポット 1

北海道の絶景に親子で感動

おすすめ度

春 夏 秋 冬

幼★★★
低★★★
高★★★

北海道

旅のテーマ

ダイナミックな自然があり、四季の特徴がある北海道は、見て・触れて・体感できるスポットが多く、旅育のテーマに事欠きません。今回は親子で訪れたい『絶景』がテーマ。景色とともに、自然の恵みである野菜や魚介、乳製品など北海道の『食』も、一緒に楽しんで。

Spot① 運も味方に

トマム雲海テラス（道央）

雲海山頂にはポストがあり感動をしたためてハガキを投函できる

早起きしてゴンドラに乗り込み、ドキドキしながら山頂へ。運がよければ「雲海」の感動的な景色と出会えます。刻一刻と目の前で繰り広げられる自然のショーは迫力満点で、雲がまるで生き物のよう！ 雲海は、初夏から秋にかけて、寒暖差がある時に発生しますが、晴れた日も素晴らしい景色が広がります。標高1088mにあるカフェでフォトジェニックなスイーツを楽しめば、忘れられない思い出に。

https://www.snowtomamu.jp/summer/unkai/
期間限定営業（5月〜10月）のため、HPで確認

ハンモックのような展望スポット「Cloud Pool（クラウドプール）」

旅行計画

■ アドバイス

北海道の旅行計画では距離の感覚が麻痺し、移動に忙しい旅になってしまうことがあります。メインで楽しむものを決めて、移動は最小限に。体験などに時間を割くのがポイント。

■ もっと気軽に絶景

札幌市内を一望する藻岩山は山頂まではロープウエーとミニケーブルカーでアクセス。昼は絶景、夜は圧巻の夜景が楽しめる。

山頂からは360°景色を眺めることができる

Spot② 一面がピンクの絨毯

ひがしもこと芝桜公園（道東）

芝桜は例年5月〜6月、HPで確認

約10ヘクタールの敷地一面に5月から6月にかけて芝桜が咲き、見渡す限りピンクに染まります。中でも展望台からの絶景は必見。実はこの芝桜、一株ずつ人の手で愛情こめて植えられたというから驚きます。ピンクの鳥居のある山津見神社、山裾には芝桜の中を走るゴーカート、温泉、オートキャンプ場などもあり体感型でも楽しめます。

https://www.shibazakura.net/

Spot③ 子どもには昼間がおすすめ！

函館山（道南）

アクセスの方法はいろいろ。
個人的には市電&ロープウエーが一押し

ミシュラン3つ星として、海外の旅行者にも人気の函館山からの眺望。夜景が有名ですが、晴れた昼間は、海と空のブルー、それと対比するように広がるジオラマのような函館の街が素晴らしく、子ども連れにおすすめです。標高334mと高すぎず、建物一つ一つが確認できるので、訪れた場所などを探して遊ぶのも楽しい。反対側は津軽海峡、遠く下北半島が見えることも。

函館市公式観光情報「はこぶら」
https://www.hakobura.jp/

旅育ポイント

- ✓ 子どもにカメラを渡し絶景の撮影に挑戦！
- ✓ 大自然の中、ラフティングやカヌーなどへのチャレンジも！
- ✓ 農業や酪農、漁業など、その土地の産業をチェック
- ✓ 地名の多くがアイヌ語に由来。地形を表しているものも

おすすめ旅育スポット②

自然・食・歴史を体感し福島の素晴らしさを再発見

おすすめ度
幼★★☆
低★★★
高★★★

春 夏 秋 冬

東北

旅のテーマ

東北からは、首都圏に最も近い福島県にフォーカス。自然豊かで美味しいものに恵まれ、歴史や文化など旅育のテーマが沢山あります。今回は、親子でトコトン福島の魅力に触れて素晴らしさを再発見する旅を紹介します。

Spot① 裏磐梯を散策
五色沼・諸橋近代美術館（北塩原村）

「五色沼湖沼群」には、全長3.6キロの自然探勝路があり、さまざまな色に変化し輝く湖沼群の神秘的な姿は必見。「どうしてこんな色になるのか？」お子さんと調べてみるのもいいのでは？　自然ガイドツアーもあるので参加も検討を。
諸橋近代美術館は、スペインの巨匠ダリの作品を集めた美術館。子ども向けのワークショップも開かれ、カフェもおすすめです。

裏磐梯観光協会　www.urabandai-inf.com/
※美術館は期間限定営業。詳細は美術館HPで確認（https://dali.jp/）

五色沼のひとつ
青池

ガイドウォークで
熊の生態を学ぶ

諸橋近代美術館は建物も個性的

旅行計画

■ 旅のモデルルート

＜1日目＞
猪苗代湖・五色沼散策・諸橋近代美術館
星野リゾート　磐梯山温泉ホテル泊

＜2日目＞
鶴ヶ城見学
あかべこ製作体験
※蕎麦や喜多方ラーメン、ソースカツ丼などＢ級グルメも堪能

■ 思い出を形に

福島では、気軽にできる体験が多くあります。赤べこの絵付け体験は、真っ赤なべこに、白と黒でペイントをしていくもので、小さなお子さんから大人まで楽しめます。ほかにも絵ろうそくにガラスや陶芸、喜多方では製麺をするプチ体験も。

Spot② 多彩な体験プランで学び度up

星野リゾート　磐梯山温泉ホテル（磐梯町）

2階建てのメゾネットルームにワクワク

猪苗代湖を望む磐梯山のふもとに佇み、春から秋は、ホテル周辺で星や自然を巡る夜のガイドツアーなど自然に親しむプログラムを豊富に開催。民謡「会津磐梯山」に合わせ、やぐらのまわりを一緒に踊るイベントも実施するなど、旅育の拠点にぴったりです。郷土料理を楽しめるビュッフェもおすすめ。冬は併設のスキー場アルツ磐梯でウィンタースポーツが楽しめます。

https://hoshinoresorts.com/ja/hotels/bandai/
価格：¥¥¥（春〜秋はお手頃）

Spot③ さまざまな時代を感じて旅をする

会津若松市内の散策（会津若松市）

赤瓦が美しい鶴ヶ城

会津若松は明治・大正時代の建物が多く残る、歴史が息づくまちです。市内にある鶴ヶ城は日本で唯一の赤瓦の天守閣で、館内は資料館になっています。新選組や白虎隊ゆかりの地を探訪する、蔵などの歴史的建造物をめぐる、絵ろうそくや赤べこなどの伝統産業に触れるなど、テーマを決めて散策するのもおすすめ。

https://www.aizukanko.com/
会津若松観光ナビ

旅育ポイント

- ✓ 磐梯山は、表と裏から見た形が違うので注目！
- ✓ 会津では、オリジナルの散策ルートを作ってみては？
- ✓ 自然や歴史は専門家に学ぶチャンス。ガイドも検討を
- ✓ 東日本大震災の影響についても考えよう

おすすめ
旅育スポット
3

首都圏近郊で生き物とふれあい体験

おすすめ度

春 夏 秋 冬

幼★★★
低★★★
高★★★

関東

旅のテーマ

生き物とのふれあいは、子どもの情操教育にも大切。首都圏近郊で気軽に生き物とふれあえる旅育におすすめのスポットを紹介します。

Spot① 街中で公園のように寛げる

すみだ水族館（東京都）

東京スカイツリーのお膝元に位置し、公園のようなくつろぎ感がテーマ。
館内にはソファやイスが配され、好きな順番で自由に楽しめるなど、リラックスできる空間で、親子の会話もはずみます。ラボでは飼育設備を観察でき、生き物の世話をするスタッフも身近で、質問にも気軽に応じてくれます。屋内のプール型水槽には、現在55羽のマゼランペンギンが暮らし、ゴハンの時間にはペンギンと飼育スタッフのやりとりに惹きこまれます。

https://www.sumida-aquarium.com/

夜のペンギンプールは幻想的

質問はスタッフへ

旅行計画

■ **ホームページを確認しよう！**
えさやりなど体験プログラムの開催時間や予約の有無を確認して。子ども向けのホームページでは、生き物に関する豆知識から専門的な内容まで、わかりやすく解説しているので旅の前後に活用しよう（※パソコンでの閲覧がおすすめ）。

アクアマリン福島「蛇の目ビーチ」

■ **足を延ばせば、こちらも**
那須どうぶつ王国（栃木県）のバードパフォーマンスショーは、頭上すれすれを飛ぶ鳥たちの迫力ある姿が圧巻。
東北地方ですが**環境水族館アクアマリンふくしま（福島県いわき市）**は、首都圏からアクセス至便。干潟や磯の環境を再現した「蛇の目ビーチ」など屋外施設もあり、建物や展示方法を含めて完成度が高くおすすめ。

Spot② 生命の共生・自然との調和がテーマ

よこはま動物園 ズーラシア（神奈川県）

サバンナゾーンでは草食動物と肉食動物の４種混合展示も

広大な敷地は、「アフリカの熱帯雨林」「オセアニアの草原」など、気候帯・地域ごとに８つのゾーンに分けられ、それぞれの生息環境を再現。園内は散策するだけでも、世界旅行をしているようで楽しめます。動物たちが棲む環境を身近に感じ、自然に近い環境でのびのびと過ごす動物たちの姿に多くを発見し学ぶ機会になります。

https://www.hama-midorinokyokai.or.jp/zoo/zoorasia/

Spot③ 動物との触れ合いが楽しい

日立市立かみね動物園（茨城県）

ゾウへ直接エサを手渡し

動物たちの姿にほのぼの

かみね公園内に昭和32年に開園。太平洋を一望し、動物を近く感じることができるのが特徴です。中でも「もぐもぐタイム」は、キリン、ゾウ、ペンギン、カピバラ、クマなどに直接えさやりをできるとあって大人気。スタッフ手作りの豆知識など解説掲示も温かい雰囲気で、動物たちものんびりと過ごし癒されます。

https://www.city.hitachi.lg.jp/zoo/

旅育ポイント

- ✓ 小動物などに触れ、生き物への愛情を育もう
- ✓ 動物を通じて、環境問題などを考えるきっかけにしよう
- ✓ 広い園内や館内、「どうやってまわるか？」に挑戦すれば、冒険気分で楽しめ達成感が得られる

おすすめ旅育スポット ④

都内で勉強に役立つ無料スポット

おすすめ度
春 夏 秋 冬
幼★☆☆
低★★☆
高★★★

関東

旅のテーマ

東京都内には、学べる施設がたくさんあります。博物館や科学館、美術館に企業ミュージアムも！ 今回は学習に役立ち、しかも無料のおすすめ旅育スポットを紹介します。

Spot① 身近な学校や五輪を知る

文部科学省情報ひろば（千代田区）

登録有形文化財に指定されている旧文部省庁舎の一角にある、穴場スポット。文部科学省の所管は教育のほか、科学技術・学術、文化、スポーツと幅広く、それぞれに関する展示があります。スポーツなら、選手が着たユニフォームの展示や、原寸大の表彰台のレプリカもあり、ガッツポーズをして記念撮影もＯＫ。学校教育の記録では教室が再現されていて、各机に年代ごとに使われていた文房具がならび、親御さんも子どものころを懐かしく感じるはず。給食や教科書の歴史なども興味深くおすすめです。ただしオープンは平日10時から18時なので長期休暇などを利用して出かけよう。

https://www.mext.go.jp/joho-hiroba/

表彰台は上に上って記念撮影OK

親御さんも自分の子ども時代を思い出す

旅行計画

■ 開閉時間に注意

週末はお休みのところも。開閉時間には十分注意。

■ お得に都内で楽しむ

「東京・ミュージアム ぐるっとパス」は、東京を中心とする100以上の美術館・博物館等の入場券・割引券が１冊にまとまったお得なチケットブック（大人2500円。子ども用はありません）。最初に利用した日から２か月間有効で、各施設１回ずつ利用（一部は割引）ＯＫ。

Spot② 政治の世界が身近になる

国会議事堂見学（千代田区）

衆議院は週末も見学可能

国会議事堂は、衆参議院いずれも個人で見学が可能。特に予約は必要なく、時間に合わせて行けば大丈夫（※ただし本会議開会1時間前から見学不可。参議院は平日のみ）。約1時間で見学コースを係の案内でまわります。本会議場はテレビのニュースにもよく出るので、その舞台を見ることで政治を身近に感じられるかも。

衆議院、参議院の各ページで確認

Spot③ “放送のふるさと”で放送の歴史を学ぶ

ＮＨＫ　放送博物館（港区）

放送体験スタジオでキャスター気分を

懐かしのキャラクター、ゴン太くんもお出迎え

ＮＨＫの前身・東京放送局が大正時代にラジオの本放送を開始した愛宕山に、1956年、世界最初の放送専門博物館として開館。約３万件の資料を所蔵し、ラジオからテレビ、そして８Ｋ放送に至る放送の歴史を実物展示でわかりやすく紹介しています。「愛宕山８Ｋシアター」では、大型スクリーンで８Ｋ放送を体感でき、「放送体験スタジオ」では、ニュースキャスターや気象予報士の体験に挑戦。

https://www.nhk.or.jp/museum/

旅育ポイント

- ✓ 国会議事堂は事前に約束事をチェックし、マナーを守ろう
- ✓ テレビやニュースで観たら「ここ行ったね！」の声がけを
- ✓ 親御さんの子ども時代のことも思い出し話をしてみよう
- ✓ 学習との結びつきができるように帰宅後にサポートしよう

おすすめ旅育スポット 5

つくって、触って、聴いて五感で楽しむ静岡

おすすめ度
春 夏 秋 冬
幼★★★
低★★★
高★★☆

東海

旅のテーマ

静岡県の熱海までは東京から新幹線ひかり号で約40分、海を望み温泉もあって小さなお子様連れにもおすすめです。「週末旅で、五感を刺激する」をテーマに、熱海を中心に静岡を楽しむ旅を紹介します。

Spot① ホテルが丸ごと旅育スポット

星野リゾート リゾナーレ熱海（熱海市）

広々としたアクティビティラウンジで子どももものびのび

海や市内を一望し、訪れるだけで非日常の世界。海をイメージした青が基調のアクティビティフロアには、無料で利用できるクライミングウォールや地元の木や貝殻を使ったアートギャラリー。屋外の森には、お父さんも童心に戻るツリーハウスや、スリル満点の空中アスレチックがあり、旅育におすすめの宿です。クラフトや、コックコートに着替えてオリジナルのデザートを作るなど、体験プログラムも豊富で、小さなお子さんにはボールプールやキッズルーム、託児もあります。親子それぞれの時間が持てるのも魅力です。

ロッククライミングに挑戦

大人も夢中になる空中アスレチック

星野リゾート　リゾナーレ熱海
https://hoshinoresorts.com/ja/hotels/risonareatami/
価格：¥¥¥¥¥（奮発しても満足度が高い）

旅行計画

■ 小田原との組み合わせも

熱海に近い神奈川県小田原にある**鈴廣かまぼこ博物館**は、工場の見学や、製造工程を学べる展示、かまぼこ板のアート作品を収蔵する美術館など、「かまぼこ」について様々な角度から楽しみ学べる。「かまぼこ・ちくわ手作り体験教室」は、親子で挑戦できておすすめ。自分で作ったできたては格別（要予約）。
https://www.kamaboko.com/sato/

Spot② 絵本の世界観にひたる

戸田幸四郎絵本美術館（熱海市）

絵本を読んで過ごせる自然豊かなガーデン

リゾナーレ熱海の近く、別荘地の中に佇むかわいらしい小さな美術館。知育絵本の草分け的存在である絵本作家の戸田幸四郎先生が内装から調度品まで手掛けた館内は、原画展示やカフェなどがあり、絵本の世界観を感じることができます。

子どもに人気なのが芝生に大きなテントウムシなど昆虫のオブジェがあるお庭。貸出用の絵本を手にのんびり過ごすのもおすすめです。

https://www.todaart.jp

Spot③ 世界の音楽を体感

浜松市楽器博物館（浜松市）

実際に楽器に触れることもできる

浜松駅の目の前にある浜松市楽器博物館は「世界の楽器を偏りなく平等に展示して、楽器を通して人間の知恵と感性を探る」がコンセプト。国内はもちろん、ヨーロッパだけではなく、アジア・アフリカなども含めて世界各国1500点余の楽器を展示。体験ルームでは実際に演奏ができ、ギャラリートークは毎日開催。浜松の主要産業である「楽器」や奏でる「音」に親しみ、感性を磨けるスポットです。

https://www.gakkihaku.jp/

旅育ポイント

- ✓ 体験は、時間や予算も踏まえて子どもと一緒に選ぼう
- ✓ 温泉では入浴のマナー、美術館では鑑賞マナーを教えよう
- ✓ アクセス至便な熱海は三世代旅行で訪れるのにもオススメ

おすすめ旅育スポット 6

加賀藩の城下町「金沢」でアート三昧

おすすめ度
幼★★☆
低★★★
高★★★

春 夏 秋 冬

北陸

旅のテーマ

金沢は、加賀藩前田家の工芸振興により全国から名工が集められ、今も伝統工芸や芸能が盛んな地。人々の生活にも美意識が感じられる街で「アート三昧」をテーマに旅をしましょう。富山県のアートな宿も紹介。

Spot① 小さな子どもにもおすすめ

金沢21世紀美術館（石川県）

外の展示は無料で楽しめる
フロリアン・クラール《アリーナのためのクランクフェルト・ナンバー3》

芝生が生い茂る屋外には、体感して楽しめる作品が点在。「まちに開かれた公園のような美術館」がコンセプトの建物は、円形で正面という概念がなく、子どももワクワク。ジェームズ・タレルの作品などが楽しめる交流ゾーンは無料で入場でき、キッズスタジオでは週末を中心に親子で楽しめるプログラムを開催。展覧会を楽しみたい、隣接する兼六園を夫婦で回りたいという時は可愛らしい託児ルーム（要予約）もあります。

館内のキッズスタジオ
（写真提供：金沢21世紀美術館）

美術館の建物への入館（交流ゾーン）は無料
金沢21世紀美術館
https://www.kanazawa21.jp/

旅行計画

■ 旅のモデルルート

＜1日目＞
金沢21世紀美術館、兼六園など
市内ホテル（泊）

＜2日目＞
クラフト体験（九谷焼、蒔絵、加賀友禅、和菓子など）
富山県　リバーリトリート雅樂倶（泊）

＜3日目＞
ホテルでゆっくり

■ 旅のヒント

金沢市内には美術館や感性を刺激する見どころが多く、市内で2泊もおすすめ。市内移動は**城下まち金沢周遊バス**が便利。観光施設を結ぶループバスで本数も多く、一日フリーパスを購入すれば、計画も自由自在です。

Spot② 気軽にチャレンジ

伝統工芸に挑戦！　九谷焼編（石川県）

九谷焼の絵付けは
気軽に挑戦OK

金沢を訪れたら、伝統工芸に挑戦して作品づくりを家族で楽しみましょう。九谷焼、蒔絵、和菓子など体験できるメニューも豊富です。九谷焼の上絵付体験は、幼児のお子さんから参加でき、カラフルな作品は素敵な思い出に。窯元やギャラリーなどで開催。価格は1500円程度からと手軽。あなたにぴったりの体験プログラムはWebサイト「かなざわ自由時間」で探せます。

金沢旅物語内「かなざわ自由時間」
https://www.kanazawa-kankoukyoukai.or.jp/plan/

Spot③ ホンモノのアートに囲まれる

リバーリトリート雅樂倶（富山県）

洗練されたロビー

新館通路には
季節に合った焼物が

「川のほとり、アートの宿。」がコンセプト。富山県の神通川を望む自然豊かな地に佇み、ロビーにはカッシーナ製の家具、館内には約300種類のアートが配され、「ホンモノ」を身近に感じられます。富山の食材や旬の物を中心に、味はもちろん、見て楽しめる「食」も魅力。お子様向けのアメニティなど、家族旅行に親切なサービスも。

リバーリトリート雅樂倶
https://www.garaku.co.jp/
価格：￥￥￥￥￥（ご褒美や記念日に）

旅育ポイント

- ✓ 体感型で楽しめる金沢21世紀美術館は必見
- ✓ お子さんが興味を持った体験で思い出を「かたち」にしよう
- ✓ 史跡も多く小学生高学年なら一緒に学ぶのもおすすめ
- ✓ 福井県方面なら福井県立恐竜博物館も旅育に○

おすすめ旅育スポット 7

子連れで行って記憶に残る奈良県の神社仏閣

おすすめ度

春 夏 秋 冬

幼★☆☆
低★★☆
高★★★

近畿

旅のテーマ

小中学校の遠足や修学旅行などで、訪れた方が多い奈良。でも神社仏閣の奥深い魅力を感じるには若すぎたのか記憶が曖昧という声も。子ども目線で親しみ記憶に残る、親子で学べる3つの神社仏閣をセレクト。

Spot 1　世界遺産のお寺で親子で学ぶ

金峯山寺 三日ぼうず体験（吉野町）

朝の勤行は世界遺産の金峯山寺蔵王堂で

奈良県吉野にある金峯山寺は、世界遺産（紀伊山地の霊場と参詣道）のひとつ。山岳信仰を起源とする修験道（山伏）のお寺です。

夏休みには、幼児から高校生を対象とした「三日ぼうず体験」が開催され、親子で賑わいます。宿坊は男女別の大部屋で、勤行や座禅、法話や写経のほか、キャンプファイヤーなどのイベントも。食事は正座で頂く、時間厳守などの規律は守りつつ、自由時間には年齢も住む場所も異なる子ども同士で交流ができ、よい経験になります。

「空気を読むとは他人の顔色を伺うことではない。いま自分が何をすべきかを考えて行動すること」という教えは、息子に響き大きく成長しました。僧侶の方々や親同士の交流も盛んで、大人も有意義な時間が過ごせます。

吉野の8つのお寺をめぐりご朱印を頂くプログラムも

ほら貝の音色も厳か

金峯山修験本宗　総本山　金峯山寺
https://www.kinpusen.or.jp/

旅行計画

■ アクセス
奈良県内は、電車は近鉄もしくはJR、バスは奈良交通の利用が便利です。

■ 奈良市内で旅育するなら
奈良県庁舎の屋上広場（無料で開放されていて景色がよい）、東大寺盧舎那仏像、高台にある二月堂まで足を延ばすと大阪方面の景色が楽しめます。
また、世界遺産「古都奈良の文化財」のひとつ**元興寺**は、小さな石塔が並び鬼の姿をした石仏があるなど、視覚的にもお子さんの興味を惹きそう。猿沢池は天気のよい日は亀の甲羅干しも楽しんで。

Spot② 日本最古の神社。ご神体へ登拝も
三輪明神　大神《おおみわ》神社（桜井市）

古事記や日本書紀にも由緒が記されている日本最古の神社は、訪れるだけで気持ちが凛とする雰囲気を感じます。ご神体は三輪山で、三ツ鳥居という特徴ある鳥居を通して拝みます。境内は広く、参拝後は檜原神社まで山の辺の道を歴史や景色を楽しみながらのウォーキングもおすすめ。お子さんと一緒にチャレンジをしてみては？
また子どもの自主性や創造力の向上を目的に小学生を対象とした「三輪山体験教室」も開催されています。

三輪明神　大神神社
https://oomiwa.or.jp/jinja/

高学年なら御神体三輪山への登拝も
（手続きが必要。体力を要します）

Spot③ 日本最古＆可愛いケーブルカーで参拝
生駒山　宝山寺（生駒市）

宝山寺境内

ケーブルカーのミケ
（近畿日本鉄道提供）

般若窟といわれる大きな岩壁を背景に本堂などが立ち並ぶ宝山寺は独特の雰囲気。現世のあらゆる願いを叶えてくれるといいます。宝山寺への参拝には1918（大正７）年に開業し、100周年を迎えた日本初のケーブルカー生駒鋼索線に乗車。犬がモチーフの「ブル」と猫がモチーフの「ミケ」という可愛い車両もあり、子ども連れに人気です。

宝山寺　https://www.hozanji.com/
近畿日本鉄道　https://www.kintetsu.jp/

旅育ポイント

- ✓ お寺や神社の参拝方法を確認、子どもに教えよう
- ✓ 歴史の舞台では、古に思いを馳せ学習にも役立てよう
- ✓ 神社仏閣の子ども向け体験は、精神を鍛えるものが多い

おすすめ旅育スポット 8

二つの世界遺産から平和と歴史を学ぶ広島

おすすめ度

春 夏 秋 冬

幼★☆☆
低★★☆
高★★★

中国

旅のテーマ

2つの世界遺産「原爆ドーム」と「嚴島神社」を訪れ、平和を考え歴史を学びましょう。平和記念公園には、世界各国からお子さんも多く見学に来ています。将来を担う日本の子どもたちに、戦争の記憶を伝えるのは、私たち親世代の役割だと感じます。

Spot① ボランティアガイドに親子で学ぶ

原爆ドーム＆平和記念公園（広島市）

原爆ドーム

美しく整備された広島平和記念公園、その横にはドームの鉄枠とともに象徴的な姿をさらした原爆ドームの姿。

1時間半のガイドの方の説明では、原爆投下の日の惨劇、人々の日常が一瞬で奪われたことがリアルに感じられました。原爆ドームは、チェコの建築家による設計で爆心地は目と鼻の先にあること、2歳で被爆し10年後に突然白血病を患い亡くなった佐々木禎子さんのこと、中学生以上の子どもが建物疎開作業などの最中に被爆し約7千人が犠牲になったことなどの説明も。公園周辺にも原爆の爪痕はたくさん残っています。実際に訪れ、当時へ思いを馳せることで平和への理解を深め、また復興の歴史も感じてほしいと思います。

広島平和記念資料館
https://hpmmuseum.jp/

公園内をガイドの方の説明で

原爆の子の像

旅行計画

■ 旅のモデルルート

＜1日目＞
原爆ドーム・平和記念公園
＜2日目＞
路面電車と連絡船を乗り継いで宮島の嚴島《いつくしま》神社・弥山《みせん》（ふもとを散策、時間があればロープウエーで山頂へ）

■ 旅のヒント

平和記念公園や資料館は無料のボランティアガイドも（要予約）。嚴島神社の背後、弥山も世界遺産の一部。山頂まで足を延ばせば瀬戸内海の絶景が広がります。

Spot② 平清盛の偉業を感じる

世界遺産　嚴島神社（廿日市市 宮島）

高台から望む嚴島神社多宝堂と大鳥居

海を敷地とした建てられた世界遺産嚴島神社の社殿は、平安時代に平清盛によって修造されたもの。寝殿造の社殿の美しさを堪能し、自らの重みで自立する大鳥居の独特の構造、潮の満ち干で見える風景が一変することなどを観察するのも旅育に。広島市内から宮島へのアクセスはいくつか方法があるので、子どもと一緒に考えるのも一案。

https://www.itsukushimajinja.jp

Spot③ 世界遺産の原生林が広がる

弥山（廿日市市 宮島）

宮島ロープウエーで絶景を（獅子岩展望台）

嚴島神社の背後にそびえる世界遺産の原生林が広がる弥山は、ロープウエーで空中散歩をしながら登ることができ、降り立ったところにある獅子岩展望台からは、瀬戸内海の絶景が広がり圧巻。頂上へはここから歩いて30分ほど。体力があれば古からの七不思議の伝説を確認し奇岩を眺めながら挑戦してみては？　弥山のふもとにある大聖院も見どころが多くておすすめ。

宮島観光協会
https://www.miyajima.or.jp/index.php

旅育ポイント

- ✓ 各施設のホームページにある子ども向けの解説もチェック
- ✓ 平和学習はガイドをお願いすると理解が深まる
- ✓ 世界中から広島に訪れ祈りを捧げている意味を親子で考えたい
- ✓ 日本三景とは？　他の世界遺産は？　確認をしておこう

おすすめ旅育スポット 9

世界を感じる旅育スポットを四国に発見

おすすめ度

春 夏 秋 冬

幼★★☆
低★★★
高★★★

旅のテーマ

海に囲まれ中央に高い山がそびえる四国は、自然豊かで歴史、文化など、各県それぞれに魅力があります。今回はそんな中でも「世界を感じる」をテーマに、3つのスポットをセレクトしてご紹介します。

Spot 1 原寸大のアートで世界一周

大塚国際美術館（徳島県）

ミケランジェロ作
《システィーナ礼拝堂天井画および壁画》

徳島県鳴門公園内にあり、世界25か国、1000余点の作品が、陶板で再現・展示された館内は、世界の美術館巡りをしているよう。「モナ・リザ」や「最後の晩餐」など、子どもたちにも馴染みのある名画が原寸大で再現されていて、館内はフラッシュなしで記念撮影もOK。体感型で名画に親しめます。古代遺跡や礼拝堂などは空間を立体的に再現。システィーナ礼拝堂の天井画などは、現地へ訪れたようで圧巻です。近隣には、鳴門のうずしおの見学施設もあるので、一緒に訪れてみてはいかが？

https://www.o-museum.or.jp/

スクロヴェーニ
礼拝堂にて

旅行計画

■ 四国へのINとOUTを考える

飛行機ならINとOUTの空港を変えることで効率的に旅ができます。また瀬戸内海を挟んだ、岡山県や広島県と一緒に旅の計画をするのもおすすめ。地図を見ながら検討を。

■ 愛媛で旅育

夏目漱石の小説「坊っちゃん」の舞台である、愛媛県松山市への旅もおすすめ。「マッチ箱のような小さな汽車」として登場する**坊ちゃん列車**、趣ある**道後温泉本館**もチェックして！

道後温泉本館にて

四国

Spot② 高松港から気軽に島旅

瀬戸内国際芸術祭の舞台（香川県）

木村崇人《カモメの駐車場》(女木島)
photo:Osamu Nakamura

瀬戸内に浮かぶ島を中心に３年に一度開催される、瀬戸内国際芸術祭。開催期間以外も、多くのアートは見学が可能です。各島へは、高松港からアクセスする他、美術館が多い直島や豊島へは、岡山の宇野港からも便利です。フェリーや高速艇でのんびり船旅も楽しめます。

ART　SETOUCHI
https://setouchi-artfest.jp

Spot③ 坂本龍馬の生き方を学ぶ

高知城＆桂浜（高知県）

高知城の天守と
坂本龍馬像

世界を視野に入れ、幕末に大きな功績を残した坂本龍馬は、好きな歴史上の人物でも必ず上位に入る愛される存在。龍馬が生まれ育った高知県でゆかりのスポットを巡り、歴史や生き方について話してみるのもいいのでは？　高知城は天守や本丸御殿などが国の重要文化財に指定され、2017年にはお城のふもとに高知城歴史博物館がオープン。両施設とも高校生以下は無料というのも嬉しい。太平洋の彼方を望む龍馬像がある景勝地「桂浜」へもぜひ足を延ばして。

こうち旅ネット
https://kochi-tabi.jp/

旅育ポイント

- ✓ 大塚国際美術館は広く、HPを参考に観覧ルートを話しあおう
- ✓ 瀬戸内海と太平洋。同じ海でも景色や地形が違うのを体感
- ✓ 県名と場所、本州との３つのルートや橋の名を覚えよう
- ✓ カヌーやラフティングなども盛ん、アウトドアの体験もおすすめ

おすすめ旅育スポット⑩

自然豊かな九州で親子ではじめてに挑戦

おすすめ度

春 夏 秋 冬

幼★★★

低★★★

高★★★

九州

旅のテーマ

自然豊かで、温泉や食の楽しみもある九州。絶景を眺めるドライブもいいのですが、様々な観光列車も旅の目的としておすすめ。今回は「親子ではじめて体験デビュー」をテーマに、3つのスポットを紹介します。

Spot① これが列車？ ファミリーにおすすめ

特急　あそぼーい！（熊本県・大分県）

可愛らしいファミリー車両

阿蘇から別府まで、雄大な阿蘇連山を眺めながら走る観光列車。キャラクター犬「くろちゃん」をモチーフにした、可愛らしいデザインはフォトジェニックで親子で夢中になります。ファミリー車両には、親子専用の白いくろちゃんシート、木のボールプールや、絵本のある図書室まで。デザインはななつ星なども手掛ける水戸岡鋭治氏。駅での地元の人との交流も楽しんで。（※運転区間は2018年６月現在）

特急　あそぼーい！(JR九州)
https://www.jrkyushu.co.jp/trains/asoboy/

ボードで記念撮影

旅行計画

■ドライブVS列車旅

子どもが小さなうちはレンタカーが便利。ドライブを楽しみながら雄大な九州を楽しんで。気軽に乗れる観光列車も多く、小学生になったら、行程を組むところから挑戦をしてみるのもおすすめです。

■歴史スポットもぜひ

吉野ヶ里歴史公園（佐賀県）は環濠集落遺跡が復元され、弥生時代の生活を体験するプログラムなどもあって旅育におすすめ。

吉野ヶ里遺跡で火起こし体験

Spot② 本格的な乗馬が幼児からOK

レゾネイト乗馬牧場 ココペリ ウエスタン ライディング （大分県）

小学生ならひとりで乗れる

久住高原の大自然の中、柵のない牧草地をウエスタンスタイルで楽しめる乗馬クラブ。小学生ならひとりから、幼児は保護者と２人乗りが可能。最初に基本的な操作を習ったら、あとは実践！　馬と呼吸をあわせて、小さな川を渡り、緩やかな坂を登ったり、エキサイティングなコースを満喫。思ったよりも高い馬の背中に驚き、「できた！」という経験は大きな自信に。

https://kokopelli-horse.com/
約30分、ひとり乗り7,500円、幼児と二人乗り9,500円

Spot③ 野生のイルカを間近で！

天草　イルカウォッチング（熊本県）

野生のイルカに感動

熊本県天草沖は野生のイルカが多く生息し、船が出港できれば、ほぼ見られるという遭遇率の高さが特徴です。実際に乗船すると、びっくりするほど間近で、楽しそうに泳ぐ姿に親子で大興奮。船が出る五和町にはいくつか業者があり、船のタイプも様々なので各自で検討を。料金目安は大人3000円、小学生は2000円、幼児1000円程度。予約の方は10%OFF（2023年６月現在）。

天草イルカウォッチング
http://www.maruken-iruka.com/

旅育ポイント

- ✓ 初めての体験は勇気がいるので、一緒に選んでやる気をアップ
- ✓ 観光列車は、行程や座席選びをいっしょにするのもおすすめ
- ✓ 体験後は温泉で、親子で語らいながらリラックス
- ✓ ジオパークが多い九州。その成り立ちも学ぼう

おすすめ旅育スポット 11

オールシーズンOK！学んで楽しめる沖縄旅

おすすめ度

春 夏 秋 冬

幼★★★

低★★★

高★★★

沖縄

旅のテーマ

ビーチリゾートのイメージから、沖縄といえば夏と思いがち。海で泳ぐことはできませんが、冬も温暖で過ごしやすく、子ども連れにはオールシーズンおすすめです。今回は1年を通して、学んで楽しめる沖縄旅をテーマに紹介します。

Spot① 沖縄美ら海水族館にプラスαで旅育に

海洋博公園（北部）

エメラルドビーチは冬は散策にいい

沖縄美ら海水族館がある海洋博公園は旅育スポットが多く、1日遊んで学べます。夏場はウミガメ放流が行なわれ、冬場はビーチをのんびり散策するのもおすすめ。ウミガメ館では5種類のウミガメと仔ガメを見ることができます。沖縄美ら海水族館では「美ら海観察ガイド」という海の生物が紹介されているカラー資料（全10種・無料）があり、集めてファイリングすれば旅の思い出に。WEBサイトでは、各水槽の解説などあり、旅の前後の学びに役立ちます。

海洋博公園
https://oki-park.jp/kaiyohaku/
沖縄美ら海水族館
https://churaumi.okinawa/

沖縄美ら海水族館は人気NO1

海洋博公園のウミガメ館は無料

旅行計画

■ **モデルスケジュール**
ココガーデンリゾートオキナワに連泊。ここを拠点に沖縄美ら海水族館、海中道路のドライブへ。インターも近いので便利。

■ **旅の計画ポイント**
子ども連れなら、2泊3日以上で計画をしたいもの。宿泊は中部・北部を中心としたビーチリゾートに連泊、もしくは1泊は市内泊で首里城公園や買い物、南部を見学するのもいい。戦跡を訪れると沖縄の様々な歴史に触れられます。

■ **夏は暑さ対策をお忘れなく**
沖縄の日差しは子どもの肌には大敵。日焼け止めや帽子などの準備、熱中症対策に水分を多めにとること、熱い日中は部屋で過ごすなど充分に配慮を。

Spot② 長期でのんびり過ごしたい

ココ ガーデンリゾート オキナワ（中部）

海外のリゾートのようなプール

高台に位置し、花が咲き緑あふれる敷地からは海を眼下に望み、ヴィラタイプの客室が点在。まるで海外のリゾートのよう。2段ベッドのある客室は家族に人気で、未就学児はディナーが無料。ヨガやクラフト、料理教室などのプログラムもあり、親子一緒に、あるいはお母さんのリフレッシュにぴったりです。連泊だと特典も多く、のんびり過ごせます。

https://cocogarden.com/
価格：¥¥¥（長期ステイで住むように旅したい）

Spot③ 爽快なドライブを満喫

海中道路（中部）

青空と青い海が見事な海中道路

沖縄本島と４つの島を結び、空と海のブルーが素晴らしい海中道路。ドライブをすれば、海の上を走っているような絶景が広がります。訪れるなら満潮時がおすすめ。途中には、船の形をした「海の駅あやはし」があり、トイレ休憩や食事、展望台からの眺めも楽しめます。そのほか、うるま市には世界遺産「勝連城跡」などのおすすめスポットも。

いいなぁうるま市
https://www.city.uruma.lg.jp/iina/

旅育ポイント

- ✓ 地球儀で沖縄を確認。飛行機での過ごし方も話しあおう
- ✓ 海の生き物、珍しい植物、伝統芸能、食文化、すべて旅育に
- ✓ 首里城などの世界遺産、戦跡へも足を運ぼう
- ✓ 親子がそれぞれで過ごす時間にも挑戦しよう

おすすめ旅育スポット

旅育にいい！厳選おすすめテーマパーク

全国

旅のテーマ

テーマパークといえばレジャーというイメージがありますが、学び要素のあるテーマパークも増えています。旅育におすすめのテーマパークを全国からピックアップ！

小学校 低学年にオススメ

Spot① 職業体験で自主性を育む

キッザニア東京（東京都）キッザニア甲子園（兵庫県）

街は約2/3サイズで作られている

職業をテーマに、社会のしくみを子どもが体験型で理解し、自主性を育めます。仕事をしてお金（専用通貨）をもらい、楽しむときにはお金を払う。銀行口座やキャッシュカードも子どもが自らの名義で手続きをして作るなど、大人の世界を垣間見る機会になります。英語のプログラムや、中学生向けにはキャリア教育の観点でのイベントも実施。年齢に応じて様々な学びがあります。

https://www.kidzania.jp/

思い出が形に残る

すし職人は甲子園限定

旅行計画

■ 年齢とのマッチングを考えよう
身長や年齢に制限があるアトラクション、あるいは制限がなくても楽しめる年齢が限られることもあります。お子さんの成長にあったものをセレクトしましょう。

旅育ポイント

✓ 楽しむのが一番！ 学びは後からついてきます！

✓ どういった順番でまわるか？ 計画をまかせてみるのもおすすめ

Spot② モノづくりがテーマ

小学校 高学年にオススメ

よみうりランド グッジョバ!!（東京都）

車両は軽自動車並みの大きさ（ev-グランプリ）

自動車・食品・ファッション・文具の４つのファクトリーでは、15のアトラクションと４つのワークショップを用意。遊び楽しむことを第一にしつつ、企業の「ホンモノ」のノウハウが学びへとつながります。CAR factoryの電気で走る次世代型ゴーカートは、自動車の製造工程で行われるテスト走行の要素を取り入れた本格的なコースを走り大人も夢中に。

https://www.yomiuriland.com/gj/

Spot③ 身近なレゴ® の世界に夢中

幼児から小学生までオススメ

レゴランド®・ジャパン（愛知県）

©2018 The LEGO Group

体感型で、子どもの興味を育むレゴランド®は旅育にぴったり。日常遊ぶレゴ®ブロックからできた、素晴らしい作品を見れば、親子で驚き感動をすること間違いなしです。園内は「みて!! あんなところに〇〇が」など、子どもの五感を刺激し発見する仕掛けがたくさん！ 親子の会話も弾みます。多彩なアトラクションがあり、幅広い年齢の子どもが楽しめます。一押しは、海底探索をするサブマリン・アドベンチャー。

https://www.legoland.jp/

Spot④ 異文化を日本で体験

幼児から小学生にオススメ

スパリゾートハワイアンズ（福島県）

プール も温泉。三世代旅行にもいい。

「アロハ～」の挨拶に迎えられる園内には、心地いいハワイアンミュージックが流れ、ホテルにはアロハやムームーなどの館内着が子どもサイズから揃います。フラガールやファイヤーナイフダンサーの本格的なショーに、子どもたちは目を輝かせます。スライダー、熱帯魚を眺めながら泳げる流れるプールなどもあり、海外リゾート気分を楽しみながら達成感や興味が育まれます。

www.hawaiians.co.jp/

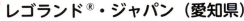

おすすめ旅育スポット

家族で楽しむ気軽な都市型ホテル

全国

all

旅のテーマ

観光や体験がメインの旅では、宿泊費は抑えたいもの。コスパがよく滞在の楽しみも味わえる家族旅行におすすめの都市型ホテルブランドを紹介。

※施設数は２０２３年５月現在

Spot❶ 街を楽しみに人と交わる

OMO（おも）by 星野リゾート

2018年春に誕生した星野リゾートの第四のブランドOMO(おも)は、「テンションあがる「街ナカ」ホテル」がテーマの都市観光ホテル。徒歩圏内でディープな体験ができるご近所マップ、旅先の知人のようにスタッフが、近隣地域をテーマごとに案内してくれるなど、「Go-KINJO」サービスがユニーク。

客室は施設により個性があり、たとえばOMO5東京大塚の客室はヒノキ素材を用いたヤグラで空間を二層に区切り、下段はソファスペース、上段は寝室になっています。コンパクトながら快適に広く使える工夫が満載。秘密基地のようで、親子でワクワクします。

OMO（おも）by 星野リゾート
https://hoshinoresorts.com/ja/brands/omo/
価格：¥¥～（施設により異なる）
※国内に14施設を展開

OMO5 東京大塚の客室。バスとトイレは別で収納も工夫が

OMOレンジャーが近所を案内

旅行計画

■ **お子さんの人数もしっかり伝えよう**

添い寝の子どもは無料というホテルも多いのですが、1部屋に泊まれる人数は法律で制限があります。予約時には、子どもの人数も伝え料金の確認をしましょう。またアメニティは有料のところもあるので確認しましょう。

Spot② 最新技術に触れる楽しみも

変なホテル

ロボットとの触れあいも楽しめる

コンシェルジュロボット ロボホン

「世界初のロボットが働くホテル」としてギネス世界記録® に認定された変なホテル。「変なホテル舞浜 東京ベイ」のフロントでは、恐竜ロボットがチェックインをお手伝い。客室には館内案内やゲームを楽しめるコンシェルジュロボットが待機していて、最新技術に触れることで子どもの興味のきっかけ作りにも。客室はバス・トイレが別で、ファミリーに優しい仕様です。

変なホテル
https://www.hennnahotel.com/
価格：¥¥（ロボットと遊べて付加価値が高い）
※国内に19施設、海外に2施設を展開。

Spot③ コスパよく快適

スーパーホテル

ロフトで子どもはご機嫌

朝食

親子で温泉でのんびり

「スーパールーム」は、定員2～3名で、ロフトベッドが子どもに人気。家族連れに優しい料金設定です。朝食は、有機JAS認定野菜を使用したサラダに、アレルギーにも配慮した無添加のオリジナルドレッシング、地元のご当地メニューをビュッフェで楽しめます。ソフトドリンクやお酒が飲み放題のウェルカムバーも人気（一部店舗をのぞく）。温泉のある施設も多い。

スーパーホテル
https://www.superhotel.co.jp/
価格：¥（価格以上のパフォーマンス）
※国内に171施設、海外に1施設を展開。

旅育ポイント

- ✓ コンパクトな室内は、親子のコミュニケーションが深まる
- ✓ 体験や観光など、やりたいことに予算をかけよう
- ✓ 観光プランを子どもと一緒に考えよう

おすすめ旅育スポット番外

外国客船クルーズは、旅育にぴったり

クルーズ

旅のテーマ

日本発着クルーズを実施する外国客船が増えています。動くホテルともいわれ夜は部屋のベッドで寝たまま、日中はプールや食事などを楽しみながら移動ができます。1泊1万円台からOKで快適に旅ができ、非日常の体験も多いクルーズへ挑戦。

Point❶ 3歳から利用できる

キッズクラブで子どもの自信を育む

プリンセス・クルーズのキッズクラブ（一例）

外国客船には、子どもを預かり、年齢別にアクティビティを実施するキッズクラブがあります（利用は無料、ティーンズまで）。旅育メソッドでもすすめている「親子それぞれで過ごす時間」が、クルーズなら可能。はじめて会う子どもやスタッフと友達になり一緒に過ごすことで成長し、親と離れて過ごした経験は自信へとつながります。

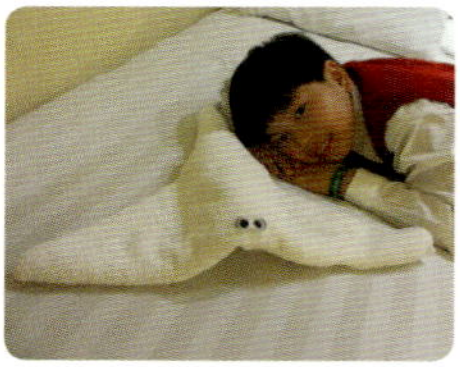

ベッドのタオルアートもかわいい

■日本発着ならプリンセス・クルーズ。三世代旅行にも

船上で思い思いに過ごせるクルーズは三世代旅行にもおすすめ。
日本発着クルーズを通年実施しているプリンセス・クルーズは、日本人向けの細やかなサービスや料理が評判で、お子様向けのサービスも充実。

https://www.princesscruises.jp/

日本発着クルーズを運航している
ダイヤモンド・プリンセス

旅行計画

■ 実はコスパは抜群！オールインクルーシブ

クルーズ代金には、客室・食事・移動費が含まれ、エンターテインメントなども無料で楽しめます。

また大人と同室の子どもは無料というクルーズ会社もあります（港湾税やチップなどは別途必要）。
※外国客船はパスポートが必要です。あわせて準備をしましょう。

Point② 船旅でホンモノを体験

五感を刺激し、グローバルな世界を知る

レストランのイタリアンナイトで

船のスタッフは国際色豊かで、とてもフレンドリー。子どもにも気軽に声をかけてくれます。フルコースがいただけるメインレストランでは、ウェイターに小さな紳士・淑女としてサーブされ(※ビュッフェレストランも選択可)、大きなシアターでは、毎晩、本格的なショーを観覧。
船のいたるところで音楽の生演奏もあり、五感を刺激する体験が満載。人との交流の機会も多く、様々な世界があることを知ることができます。

Point③ ゆったり快適な船旅

ストレスとは無縁の旅で親子の絆が深まる

ダイヤモンド・プリンセスは施設が充実

ベッドに寝たまま移動ができ、寄港地では大きな荷物は船内に置いたまま身軽に出かけられるクルーズ。子連れ旅行のストレスから解放され、キッズクラブもあるので、親御さんも休息し心に余裕ができます。
甲板に出れば、360度の大海原、虹や生き物と出会うことも。絶景を眺め、親子で感動を分かちあえば、絆もぐっと深まります。

旅育ポイント

- ✓ 国際色豊かなスタッフや乗客同士の交流で多様性を感じる
- ✓ キッズクラブで親子別々に過ごし自信を育む
- ✓ フルコースのディナーで食事のマナーを学ぼう
- ✓ 満天の星、360度の大海原、親子で大自然を満喫しよう

番外
旅育卒業旅行レポート

〈旅育卒業旅行リポート〉親子で感じ学ぶ 魅力いっぱい三陸海岸

旅のテーマ

「親子の旅育は中学で卒業」そう決めて向かった旅の舞台は東北・三陸海岸。豊かな自然や食に親しみ、たくさんの人と交流する旅で東日本大震災について考えてほしい。被災地の「いま」を感じ、将来に活かしてほしい。そんな思いを込めた旅育卒業旅行をリポートします。

おすすめ度

幼★☆☆　低★★☆　中学生★★★　高★★★

2017年3月実施

東北

Spot① 三陸の列車旅を満喫

東北エモーション＆三陸鉄道　こたつ列車

●東北レストラン鉄道 TOHOKU EMOTION（東北エモーション）

東北エモーションへ乗車（JR八戸駅）

八戸（青森県）から久慈（岩手県）までは、「新しい東北を発見・体験する」がテーマのレストラン鉄道・東北エモーションに乗車。復興の象徴として運行を開始した列車のランチは、食材や飲み物は勿論、食器も東北の伝統工芸を用い、東北の魅力がギュッと詰まった素晴らしい内容。車窓には三陸海岸の美しい景色、そして岩手県洋野町に差し掛かると大漁旗を持って出迎える方の姿に感動し、車内みんなで手を振り応えました。震災や復興についての説明もアナウンスがあり、思いを馳せるきっかけになります。

大漁旗に手を振って

ランチの前菜

https://www.jreast.co.jp/railway/joyful/tohoku.html

●三陸鉄道　こたつ列車

久慈から宮古までは、NHK朝の連続テレビ小説「あまちゃん」で有名になった三陸鉄道を利用。冬季限定の“こたつ列車”へ乗車すると、なまはげの岩手県版「なもみ」も登場！　アテンダントが、車窓からの景色や震災当時のことを写真を見せながら、丁寧に説明してくれました。

https://www.sanrikutetsudou.com/

こたつ列車に「なもみ」が登場

アテンダントが震災のことなど案内してくれる

Spot② 家族の思い出の地・三世代にもおすすめ

星野リゾート　青森屋（青森県）

みちのく祭りやで迫力あるショーを満喫

旅のスタートは家族で訪れた思い出の「星野リゾート青森屋」へ。祭りに方言、地元の食など青森県の魅力を体感できる温泉旅館は、東北新幹線八戸駅や三沢空港からも送迎があり便利。ショー会場「みちのく祭りや」では、青森のねぶたなど青森の4大祭りも体感できます。約22万坪の敷地があり、季節ごとのアクティビティも楽しめます。

星野リゾート　青森屋
https://hoshinoresorts.com/ja/hotels/aomoriya/
価格：¥¥¥¥（パブリックが充実し、館内で楽しめる）

Spot③ 三陸復興国立公園・三陸ジオパーク

浄土ヶ浜・さっぱ船＆ビジターセンター（岩手県）

浄土ヶ浜

青の洞窟

この地を訪れた名僧が「さながら極楽浄土のごとし」と感嘆した言葉が地名の由来という浄土ヶ浜。震災の甚大な被害の中で、地元の誇りであるこの地は市民の手によりいち早く整備が進められたといいます。

浄土ヶ浜は遊歩道の散策や、観光船もおすすめですが、私の一押しはさっぱ船での青の洞窟クルーズ。狭い洞窟の入口を通るときのスリル、洞窟内のエメラルドグリーンの美しさ、そして頭上のヘルメットに「ウミネコ」が遊びにきたのに大興奮でした（ずっしりと重い）。

浄土ヶ浜ビジターセンターでは、平成25年5月に既存の自然公園を再編し誕生した「三陸復興国立公園」について、映像や資料で学べます。

ウミネコが頭の上を歩く

浄土ヶ浜ビジターセンター
jodogahama-vc.jp

浄土ヶ浜パークホテル

美しい景観が広がり浄土ヶ浜へは歩いて観光ができ便利。ビュッフェのお料理も美味で地元産を積極的にとり入れ、食育にもなります。宮古産の毛ガニなど海の幸はもちろん、田野畑村の乳製品もおいしい！

浄土ヶ浜パークホテルは高台にあり、津波をまぬがれた

https://www.jodo-ph.jp/
価格：¥¥¥（絶景にいやされる）

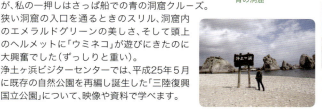

Spot④ あの日をしっかり感じ伝えたい

復興応援バスツアーで行く 田老「学ぶ防災」(岩手県)

卒業旅行最大の目的は、復興応援バスツアー※で宮古市田老の「学ぶ防災」のプログラムに参加することでした。田老では、津波に備え海抜10mの防潮堤を築いていましたが、東日本大震災では、津波はそれを乗り越え、一部は倒壊したため、甚大な被害となりました。「学ぶ防災」では、ガイドの案内で、まずは残った巨大防潮堤に上り、地震発生から津波が来るまでの状況、復興計画の概要、未来の姿についての話を聴きます。

津波遺構 たろう観光ホテル

その後、津波で３階までは鉄骨だけになった津波遺構「たろう観光ホテル」へ移動し、非常階段で６階へ※。モニターのある一室に通され、この部屋から撮影された津波の映像を鑑賞するのです。信じられない勢いと高さで迫ってくる津波、高さ10mの巨大な防潮堤、その内側を普通に車が行き来する様子に津波が迫るのを知らないまま命を落とされた方も多かったことを知り、衝撃を受けました。更地になり、以前の街の姿が想像しにくい中、映像を見ると家がたくさんあり、震災当日に起こったことがリアルに感じられます。東日本大震災を知り、将来に活かすためにも、多くの親子に訪れていただけるといいなと思います。

残った防潮堤に登り
復興計画を聞く

田老を後にしたバスは岩泉町にある日本三大鍾乳洞の「龍泉洞」へと向かいます。ドラゴンブルーが美しい地底湖を見学し、JR盛岡駅へ帰途につきます。

龍泉洞 iwate-ryusendo.jp

龍泉洞地底湖

※記載は2017年旅行時のものです。復興応援バスツアーは2023年5月現在、実施しておりません。
※「津波遺構 たろう観光ホテル」の見学については、「学ぶ防災」0193-77-3305へ問い合わせ。
※その他、東日本大震災についての学びは「3.11 伝承ロード」http://www.thr.mlit.go.jp/shinsaidensho/index.html をご参照ください(各地に伝承施設があります)。

旅育ポイント

- ✓ 震災や復興について、多くの人の話を聞き、考える機会を得た
- ✓ 三陸海岸の魅力に触れ、自然や文化を学んだ
- ✓ 旅をすることで、微力ながらも被災地を応援できた
- ✓ 卒業記念となる旅になり、親子の絆が深まった

旅育卒業旅行　DATA集

旅行計画

＜1日目＞
JR東京駅 ―（東北新幹線）― JR八戸駅 ―（宿の送迎）― 星野リゾート 青森屋（泊）

＜2日目＞
JR八戸駅 ― レストラン列車「東北エモーション」― JR久慈駅着
久慈琥珀博物館 ―（宿の送迎）― 久慈市内の宿（泊）

＜3日目＞
三陸鉄道久慈駅 ― 三陸鉄道：こたつ列車 ― 三陸鉄道　宮古駅着
さっぱ船で青の洞窟を見学
浄土ヶ浜パークホテル（泊）

＜4日目＞
復興応援バスツアー（浄土ヶ浜・田老・陸中海岸うみねこ復興応援号）に参加。（岩手県北観光主催）

宮古（ホテル）からJR盛岡駅まで観光しながら向かう。
・浄土ヶ浜遊覧船（乗船料別）
・田老：学ぶ防災
・龍泉洞（ドラゴンブルーの地底湖を見学）
JR盛岡駅でツアーバスを下車。東北新幹線で東京へ

■ 被災地の旅計画について

・被災地は、列車や道路が不通なところもあり、移動手段の確保が大事
（宿の送迎の有無、主要駅からの現地発着バスツアーは便利）

・観光協会から最新の情報を収集し、不明点は直接相談
（ネットは古い情報の場合も多い）

・新幹線や飛行機を利用する旅は、ツアーをアレンジすると計画しやすい

・三陸海岸の旅情報（防災・語り部を含む）は以下のサイトが便利
　三陸防災復興プロジェクト
　　https://sanriku-project.jp/
　さんりく旅しるべ
　　https://sanriku-travel.jp/

■ 豆知識

・観光列車は運行日に注意して早めに予約
（※満席の場合、旅行直前にキャンセルが出ることも多い）

おわりに

「旅は人生や日常を豊かにするもの。旅を通じてたくさんの人を元気にしたい」

そう思い活動をはじめて17年を迎えます。旅をフィールドに学んだ息子も17歳となり、様々なホンモノとの出会いや多くの人との交流は、記憶に深く刻まれ、確かな生きる力につながっています。

変化の激しい時代、子どもをどう育てるかは正解がなく、とても難しいことです。そんな中、旅はスタイルや響くポイントは違っても、多くの子どもたちが自分らしく幸せな人生を送るための大切な学びの機会になると確信しています。本書を通じて、次の世代の親御さんに、旅育への思いや培ったノウハウを余すことなくお伝えすることができ、大変うれしく感謝の気持ちでいっぱいです。

旅育をテーマにした書籍の出版は私の長年の夢であり、ひとつのゴールです。同時に、旅育を広めるという意味ではスタートでもあります。わが家の旅育は息子が成長し、次のステージになりましたが、旅育の環境を整え、多くの子どもが旅で学ぶ機会を得られるような取り組みは、今後もライフワークとして続けて参ります。ぜひ本書を手にされた親御さんには、旅育を実践し、お子さんがこんなふうに成長した、あるいは新たな旅育への気づきやアイデアなど、巻末の連絡先にお知らせをいただければ幸いです。旅で絆を深め、日常や将来へプラスとなる生きる力を育む……「旅育」の輪を広げる活動に活かしつなげたいと思います。

関連して、本書出版にあわせ「旅育を広める」活動の一環としてクラウドファンディングを実施し、多くの方に応援をいただきました。この場を借りご報告とお礼を申し上げます。

本書を通じて、親御さんだけではなく、たくさんの方に「旅育」を知っていただき、積極的に関わっていただくことも、子どもの大きな成長につながります。「旅育」は、子どもはもちろん、地域や社会にとっても、未来に広がりを持たせる力があると感じます。

本書はご覧いただいた通り、本当に多くの皆様のお力添えをいただき完成を致しました。対談を快くお引き受けくださった星野リゾート代表　星野佳路氏、脳科学の側面からコラムをお寄せいただいた茂木健一郎先生、取材に際してご尽力をいただいた星野リゾート、ＪＲ東海、日本航空はじめ、各社の皆様、そのほか多くのご協力をいただいた企業、施設の皆様に、この場を借りて厚くお礼を申し上げます。

そして無理なお願いにも真摯に対応をいただいたデザイナーの皆様、素敵な作品で本書に花を添えてくださったイラストレーターの陽菜ひよ子さん・くぼあやこさん・カメラマンの皆様、私とともに愛情をいっぱい注ぎ、本書の編集を担当してくださった日本実業出版社の山田聖子さん、編集部の皆様に心よりお礼を申し上げます。

最後に、私の活動の一番の理解者である夫にありがとうの言葉を。

旅育といいながら、私のほうが学びや気づきをもらい、たくさんの幸せな時間を過ごさせてもらった息子に、感謝の気持ちと「17歳おめでとう」の言葉を贈ります（本日誕生日！）。

旅で多くの子どもが学び、自分らしく豊かで幸せな人生を歩むことを願って。

２０１８年６月

村田　和子

まとめ

Contents

旅育スポット

＊旅育実践の様子やアイデア、本書の感想をぜひ教えてください

インスタグラム：家族 de たびいく　@tabiiku.jp

facebook：家族 de たびいく

メール：tabiikubook@gmail.com

村田和子（むらた　かずこ）
旅行ジャーナリスト・旅育コンサルタント
1969年生まれ。「旅を通じて、人・地域・社会を元気にする」をテーマに活動。子どもが生後4か月で家族旅行を開始し、9歳までに47都道府県を踏破。旅育ちの息子は、中学入試で国立大附属中学へ進み、2020年に京都大学へ進学。自身の旅行・子育ての経験から、家族旅行で絆を深め、子どもの生きる力を育む「旅育メソッド®」を提唱。テレビ・新聞・雑誌・WEB等メディアを通じ、次世代に向けて旅育の魅力を伝え、啓蒙を行う。近年は、旅育コンサルタントとして、地域や企業とともに旅育の環境整備を行い、講演やワークショップも手掛ける。家族deたびいく（@tabiiku.jp）運営。
総合旅行業務取扱管理者・クルーズコンサルタント。
公式HP（トラベルナレッジ）https://www.travel-k.com/

家族旅行《かぞくりょこう》で子《こ》どもの心《こころ》と脳《のう》がぐんぐん育《そだ》つ
旅育《たびいく》BOOK《ブック》

2018年7月1日　初版発行
2023年6月1日　第3刷発行

著　者　村田和子

発行者　杉本淳一

発行所　株式会社日本実業出版社　東京都新宿区市谷本村町3－29 〒162-0845
編集部　☎03-3268-5651
営業部　☎03-3268-5161　振　替　00170－1－25349
https://www.njg.co.jp/

印刷・製本／図書印刷

ISBN 978-4-534-05601-6　Printed in JAPAN

日本実業出版社の本

5歳までにやっておきたい

本当にかしこい脳の育て方

茂木健一郎
定価 本体 1400円(税別)

５歳までにドーパミンが出やすい脳の土台を完成させれば、好きなことを見つけて成功できる、本当にかしこい子が育ちます！　脳科学者・茂木健一郎が教える学び方、親がしてあげられること。

4歳～9歳で生きる基礎力が決まる!

花まる学習会式 1人でできる子の育て方

箕浦健治・著
高濱正伸・監修
定価 本体 1400円(税別)

幼児～小学生向けの学習教室「花まる学習会」でのべ５万人を指導してきた著者が子どもの「生きる力」＝逆境に負けない強さと思いやりの心の伸ばし方を教えます！

人気管理栄養士が教える

頭のいい子が育つ食事

小山浩子
定価 本体 1300円(税別)

子どもの脳は６歳までにほぼ完成します。頭のいい子を育てるには、それまでに必要な栄養を与えることが重要。管理栄養士が教える、年齢別の食事のポイントと調理のコツ！

定価変更の場合はご了承ください。